今さら聞けない皇室のこと

村田春樹

展転社

まえがき

数年前、皇居一般参賀の帰路のことである。日の丸の小旗をもって幸せ一杯、ニコニコと歩きながら、愛国青年男女と話しをしていた時のことである。私はふと、同行の三十代の女性にきいてみた。
村田「あなた、今上陛下のお父さまってどなたかご存じかな」
女性「うーん。昭和天皇ですか」
私「その通り。ではそのお父さまは」
女性「明治天皇ですか」
側に居た愛国四十代男性が大笑いして、
男性「大正天皇を知らないのか。情けないなあ」
そこで私はその男性にきいてみた。
村田「では今上陛下のお母さまは、どなたかご存じかな」
男性「皇后陛下でしょ。お顔は思い浮かぶが……」
村田「香淳皇后ですよ。では昭和天皇のお母様は」
男性「……」
彼は我が保守業界でも希有な超高学歴インテリであり、活動歴も古い。しかし彼にしてこの程度である。

その数ヶ月後のことである。保守系の集会のあとの懇親会で、愛国女性二人を前に楽しくお話をしていた。話が皇室のことに及ぶと、お二人とも目を輝かせて聴いてくれた。しかし話しているうちに、お二人とも皇室に関してはなんににもご存じないことがよくわかった。我が業界人のほとんどの方は、領土問題・慰安婦・強制連行・南京事件等々よく勉強している。しかし、皇室のことになると知識皆無といって良い。この女性お二人は、このあとすぐに「今さら聞けない皇室研究会」なる勉強会を立ち上げ、私を顧問と常任講師に招請してくれた。

当初、参加者は一桁だったが、最近は数十人が参加してくれるようになった。

その講義録を「やまと新聞」と一般社団法人世界戦略総合研究所の月刊誌「ニュースレター」が連載してくれるようになった。この度、両者の御厚意で連載をまとめ、大幅に加筆して、展転社から上梓していただく運びとなった。もとより浅学菲才の私が喋ったり書いたりしたことであり、初歩的なことばかりであるが、我が業界の初心者のお役に立てば幸いである。

後半は御譲位ついて論じたが、不敬の誹りは免れまい。もとより覚悟の上だが、最後まで熟読の上のご批判ならば甘受する。

平成三十年一月　　今さら聞けない皇室研究会顧問　村田春樹

目次

今さら聞けない皇室のこと

第三章　皇籍復帰

第四章　御譲位に思う

カバーデザイン　古村奈々＋Zapping Studio

第一章　皇室の敬称と敬語

第一節　称号と宮号

私の周囲には尊皇家、保守主義者を自認する人が多いが、皇室への敬称を正しく使う（使える）人は少ない。今回は称号と宮号について、初歩を学んでみよう。

昭和十年にお生まれになった昭和天皇の第二皇子正仁親王は、御称号は義宮（よしのみや）と申しあげた。成人して宮家を立てて宮号を常陸宮（ひたちのみや）と申しあげる。天皇陛下と皇太子殿下の皇子皇女に限って御称号を奉じるのである。昭和の御代の皇太子殿下の第一皇子、徳仁親王の御称号は浩宮（ひろのみや）と申しあげた。昭和四十年にお生まれになった第二皇子文仁親王の御称号は礼宮（あやのみや）、成人して宮家を立て、宮号は秋篠宮（あきしののみや）と申しあげる。妹君は降嫁して黒田清子（さやこ）さんになったが、婚前は御称号の紀宮（のりのみや）さまと申しあげていた。現皇太子の皇女は愛子さまと呼ばれているが、御称号は敬宮（としのみや）である。浩宮さま礼宮さま紀宮さまと申しあげたように、敬宮さまと申しあげるべきではないか。マスコミは皇室の権威を貶めようと努力しており、敬宮という御称号を無視しているのである。さて、それでは悠仁さまの御称号は？　残念ながら、悠仁さまは皇太子の皇子ではないので、御称号はない。ついては「悠仁さま」ではなく、せめて悠仁親王殿下と申しあげるべきである。秋篠宮家の若宮と申しあげる人もいるが、若宮は成人したあと、その父君の宮様を大宮と申しあげるときに、その対比として用いるのであり、今の時点では使うべきではない。もしそれを言うなら秋篠宮家の若君とか若様である。

最近、尊皇家・愛国者を、自他共に認める若い女性と話をしたことがある。皇室の姫君を、世間では眞子さま、佳子さま、彬子さま、絢子さま等とお呼びするが、正式には何と申しあげるか知っているか、尋ねてみた。彼女はしばらく考えて、おそるおそる「妃殿下？」と言ったのには笑ってしまった。

「妃殿下とはお妃、つまり奥様ですよ。皆さま未婚ですよ」

と言って以下を教えてあげたものである。眞子さま、佳子さまではなく、眞子内親王殿下、佳子内親王殿下と申しあげるべきなのである。宮内庁ではもちろんこれらの正式な呼称を使っている。

寛仁親王家・高円宮家を見てみよう。高円宮家の姫君は承子さまと絢子さま。寛仁親王家の姫君は彬子さまと瑤子さまと呼ばれている。

正式には御四方とも女王なのであり、例えば、彬子女王殿下と申しあげるべきなのである。明治二十二年制定の旧皇室典範では天皇から四世までは親王・内親王であり、五世以下が王・女王であった。昭和二十二年改訂の現皇室典範では孫（二世）までは親王内親王、曾孫（三世）以下は王・女王となった。指を折って数えてみよう。敬宮愛子内親王殿下、悠仁親王殿下、眞子内親王殿下、佳子内親王殿下は今上陛下の孫（二世）にあたるので、親王、内親王である。大正天皇の皇子である三笠宮崇仁親王殿下（平成二十八年十月百歳で薨去）の皇子、つまり大正天皇のお孫さんは寛仁親王殿下（故人）であり、高円宮憲仁親王殿下（故人）である。その皇女、つまり大正天皇の曾孫（三世）である彬子さま、瑤子さま、承子さま、絢子さまは、女王殿下と申しあげるのが正しい呼称である。なお戦前は内親王殿下と女王殿下を合わせて、姫宮さまと申しあげることもあった。一度使ってみたい言葉である。なお、姫宮さま方の母君は、現在高円宮妃久子さま、寬仁親王妃信子さまと呼ばれているが、正式な呼称は高円宮妃久子殿下、寬仁親王妃信子殿下である。昔は寡妃殿下とか大妃という呼称もあったが、今は使われない。

余談だが寬仁親王殿下は、ご生前成人していても三笠宮様とは申しあげなかった。三笠宮崇仁親王殿下がご存命だったためである。もし三笠宮崇仁親王殿下が先に薨去されていたら、寬仁親王殿下は三笠宮家を継いで、三笠宮寬仁親王殿下になられたことだろう。残念ながら父君より早く薨去されてしまったので、最後まで寬仁親王殿下であった。本稿の読者は今後、正式にお呼びして、周囲から尊敬の眼差しで見られるようにしよう。

（初出：「ニュースレター」平成二十九年七月号）

第二節　敬称と敬語

本章は皇族への敬称敬語について初歩を学んでみよう。

まず敬称である。天皇・皇后・皇太后への敬称は陛下（英語ではマジェスティ）であり、その他の皇族はすべて殿下（ハイネス）である。ついでだが人臣にして高位高官は閣下（エクセレンシー）である。総理大臣閣下、師団長閣下の如し。陛下の「陛」は天皇や皇帝の宮殿の階段の意味である。殿下の「殿」は宮殿の殿である。皇族が住む館を宮殿という。閣下の「閣」は楼閣の閣である。人臣にして高位高官が住む館を○○閣と称する。さてその昔昭和四十六年、チベットのダライ・ラマ十四世が来日した時の話である。ホテル・ニューオータニで歓迎レセプションがあり、当時二十一歳の私も参列した。参加者が頻りにダライ・ラマ十四世に「げいか」と呼びかけるのが理解できず、恥をかいたことがある。猊下とは、ローマ法王とダライ・ラマの敬称である。日本では仏教各宗派のトップクラスの高僧にも○○上人猊下などと使う。猊は唐獅子（ライオン）の意である。仏の座をライオン王座とも呼んだので、その下にという意味で猊下という。英語ではホリネスまたはエミネンスである。なお、日本のマスコミは皇室を指して「ロイヤル・ファミリー」と言うが間違いであり、正しくは「インペリアル・ファミリー」である。英国のヘンリー王子は、ヒズ・ロイヤル・ハイネス・プリンス・ヘンリーが正式名称だが、秋篠宮家の眞子内親王殿下は、海外では「ハー・インペリアル・ハイネス・プリンセス・マコ・オブ・アキシノ」である。世界で唯一のインペリアルという呼称、大切にしていきたいものである。

　次に皇室独特の敬語である。昭和三十九年東京五輪の頃、銀座を流行ファッションで徘徊する若者を、たむろする御幸通りにちなんでみゆき族と呼んだ。この名称の通りは全国に多い。私の知る限りでも大阪生野区や姫路市にある。すべて天皇陛下がお通りになったことを記念して、命名されたものである。天皇がお出ましになることを古くは御幸（みゆき）といい、「ごこう」とも読んだ。もちろん、行幸（ぎょうこう）ともいった。明治になって皇室への敬語が整理され、天皇のお出ましは行幸と定められた。皇居から東京駅への、まっすぐな広い通りは行幸通りという。また二カ所以上にお出ましになる場合は巡幸といい、皇居にお帰りになることは還幸という。この行幸や還幸は、今では全く使われてないように思われるが、さにあらず。宮内庁では今でも使用しており、官報にも「天皇陛下は、九月二十八日午後零時四十一分御出門、第百六十五回国会開会式に御臨場のため、国会議事堂へ行幸、同一時十九分還幸になった」（平成十八年十月二日付官報第四四三四号）とある。

では上皇のお出ましは、なんということになるのだろうか。二百年前の先例に倣うと行幸になるが。

皇后・皇太后・皇太子のお出ましとお帰りは、行啓といい還啓という。では上皇后が外出された場合はなんということになるのだろうか。皇后は行啓であり、皇太后も行啓を使う。従って両者のあいだに位置する上皇后にも、行啓を使うことになるだろう。

行啓通りも各地に存在する。札幌市内の行啓通りは、明治四十四年の皇太子殿下（後の大正天皇）行啓のときに拡張されたことを記念して命名された。

天皇皇后両陛下そろってのお出ましは行幸啓という。

さて、天皇・皇后・皇太后・皇太子以外の皇族のお出かけは何というのであろうか。「御成り」であり「ご帰還」である。沖縄の県庁前にある御成橋は大正十年、皇太子殿下（後の昭和天皇）行啓の際にお渡りになったので、この名がある。当時はまだ御成りと行啓とは不分明だったのであろう。

まとめると、天皇陛下は行幸、皇后陛下は行啓、皇太子殿下は行啓、秋篠宮殿下は御成りであり、眞子内親王殿下も高円宮（寡）妃久子殿下も御成りである。本書の読者は今後、使い分けて、周囲から尊敬の眼差しで見られるようにしよう。

（初出：「ニュースレター」平成二十九年九月号）

第三節　敬語と敬称その二

読者の中には皇室報道（皇室の方々の御動向の報道）についてご不満の方も多いと思う。敬語を全くと言ってよいほど使わないからである。

少し古いが新聞四紙の平成十一年一月七日の夕刊の記事を比較してみよう。

「産経」　昭和天皇の崩御から満十年の七日午前……陛下は御告文を読み上げられた。宮中三殿では両陛下の名代として皇太子御夫妻が拝礼された。

「読売」昭和天皇が亡くなられて十年となる七日……陛下は御告文を読み上げ、昭和天皇をしのばれた。……陛下の名代の皇太子御夫妻が拝礼された。

「朝日」昭和天皇の死去から十年の節目となる七日……陛下が御告文を読み上げた。両陛下の名代の皇太子御夫妻が拝礼した。

「毎日」昭和天皇の命日の七日……天皇陛下は御告文を読み上げた。両陛下の名代としての皇太子ご夫妻が出席した。

朝日と毎日がいかにひどいかがよくわかる。ちなみに模範として「神社新報」の記事を紹介する。これが正当で常識的な書き方である。

一月七日、天皇皇后両陛下には、武蔵野陵に行幸啓され、……陛下には玉串を奉って御拝礼遊ばされ……御告文を奉せられ……ご名代の皇太子殿下が黄丹袍(こうにほう)姿でお出ましになり、皇霊殿内陣で御拝礼になった。

敬語とは中学で習ったが、尊敬語謙譲語丁寧語に分けられ、総じてその相手への尊敬敬意を表現するものであり、言葉の述語動詞形容詞である。さて、以下は我が同志である「憲法一条の会(代表小野馨子 http://1-jo.info/assets/101-.pdf)が昨年朝日新聞宮内庁担当宛に出した質問状に対しての、朝日新聞からの回答である。

「八月二二日付のお手紙をいただきました。読者の皆様のお問い合せ窓口である『お客様オフィス』からご回答いたします。紙面での皇室報道での言葉遣いについてのお尋ねですが、弊社では、皇室に対する敬意を踏まえつつ、過剰な敬語を使用することは国民と皇室との間の親近感を失わせ、かえって皇室を国民から遠ざけてしまいかねないとの懸念から、敬語の使用が過剰にならず、かつ礼を失しないよう調和を考えながら改善を重ねてきました。この基本的な考えに沿って、敬称は従来通り『陛下』『さま』『ご夫妻』などの形で使う、などの基本的なルールを設け運用しています。ただ、いずれも、絶えず時代の変化に合わせて見直しを行っており、読者の皆様のご意見などを参考にさせて頂いています。今後共朝日新聞をご愛読賜りますようお願い致します」。

この文章は、前半は「敬語」の使用について基本的考えを語り、後半は「敬称」について具体的に語っている。しかし、敬語については具体的には語っていない。敬語と敬称は違う。敬称については次節に譲るが、前述のように朝日新聞は敬語を一切使用してはいない。東日本大震災直後の平成二十三年五月十六日の社説である。「○○が訪問した。耳を傾ける。声をかける。ひざまずく。○○の確信を感じる。○○を○○が支える。○○のメッセージだ」云々。おわかりのようにこの○○に対して敬語は一切使われていない。平成二十九年十二月二十三日の朝日の記事は「○○は誕生日を迎え会見した」。むろん○○は天皇陛下、皇后さまである。

さらに昨年の御田植えの際の朝日の記事を見てみよう。（　）内は読売新聞の記事である。「天皇陛下は皇居内の水田で田植えをした（田植えをされた）。苗百株を丹念に植えた（植えられた）。皇后さまは蚕に桑の葉を与えた（給桑を行われた）。蚕が葉を食べる音に耳を澄ませていた（耳を澄まされていた）。

朝日新聞は「礼を失しないよう調和を考えながら改善を重ねて」きてなどはいない。終始一貫敬語は一切使っていないのである。敬称をかろうじて（しぶしぶ）使っているから、読者は違和感を覚えつつも看過してしまうのである。

さらに引用しよう。平成十六年九月六日の朝日の夕刊である。「秋篠宮妃紀子さまは愛育病院で男の子（親王）を出産した。」「両陛下にとっては四人目の孫となる」。一切敬語はない。

朝日の記者は上司の奥さんが出産したらおそらく最高の敬語で寿ぐことであろう。そのくらいの教養はあるだろう。まさか敬語を一切使わないわけはない。皇室に関してのみ自分の教養のレベルをわざわざ下げ、敬意を取り払って、淡々と（いまいましく）報道している。「皇室に対する敬意を踏まえ」などしてはいない、踏まえているのは悪意である。この御出産記事を書いた記者に以下の記事を読ませたい。

「皇子は御健康すぐれさせ給ひ、御目方も八百匁余りに渉らせらるると洩れ承る。妃殿下にも皇子と聞こしめされ、美しう笑ませ給ひしと承るにても、御安産の御模様察しまつられ、いやがうえにも目出たき」（報知新聞明治三十四年五月一日）。

（初出：「やまと新聞」平成二十八年七月号）

第四節　敬称と敬語の廃止

前節では皇室報道の敬語と敬称について述べた。朝日新聞は敬語を全く使わず、かろうじて敬称を渋々使っている。ところが、その敬称も着々と廃止してきているのである。明治二十二年制定の皇室典範はもとより、昭和二十二年改訂の現行典範にも、第二十三条に「天皇皇后皇太后及び太皇太后の敬称は陛下とする。2前項の皇族以外の皇族の敬称は殿下とする」と明記されている。戦後も長く皇太子殿下とお呼びし、美智子妃殿下と報道していたのである（これも実に失礼な呼び方である）。朝日新聞の縮刷版をめくると、昭和六十四年一月七日までは皇太子殿下美智子妃殿下と書いてある。翌月二月二十四日の大喪の礼を報ずる紙面を見ると、天皇陛下以外の皇族の敬称を、すべて「さま」にしてしまっている。平成の御代になったとたんに、待ってましたとばかり、皇后皇太后の敬称である陛下を廃し、すべての皇族の殿下という敬称も廃したのである。もちろん、宮内庁も政府もいまだにちゃんと陛下殿下の敬称を使っている。マスコミが、朝日を先頭に勝手に廃したのである。殿下という敬称は我が国から消え去った。来日した英国の女王配偶者エジンバラ公フィリップ殿下には殿下の敬称を使っているのに。

皇太子同妃両殿下は皇太子「ご夫妻」になってしまった（新聞アカハタは以前から天皇夫妻皇太子夫妻）。ご夫妻では平民と全くかわらない。企業の社長が仮に田夫野人であっても、その会社の社員は「社長夫妻」とは言わないだろう、社長ご夫妻であり部長ご夫妻である。私は拉致家族の横田めぐみさんのご両親を、横田ご夫妻とお呼びしたいが、これでは天皇皇族と同じになってしまうので、呼び方に窮してしまうのである。

平成三年二月二十三日の皇太子殿下立太子宣明の儀（この日は臨時の旗日となり、官庁企業は休業日であった）の時は「皇太子さまは決意の言葉を述べられた。」と敬称は殿下から「さま」に格下げになったものの、「述べられた」と一応敬語を使っている。ところがその二年後、平成五年六月九日の皇太子殿下結婚の儀を報道する朝日新聞は、「臨んだ」「パレードした」「祝福をうけた」「出発した」「手をふってこたえた」と徹底して敬語を使わず報道し、そして今日にいたっている。重要な節目を機に着々と敬語敬称を減らしているのである。

第一節に書いたが再度書く。昭和時代には今の皇太子殿下は浩宮さまという称号で報道されていた。正式には浩宮徳仁親王殿下である。浩宮とは称号であり宮号ではない。礼宮は称号であり、礼宮文仁親王殿下が成人されて秋篠宮の宮号を賜ったのである。平成十三年十二月一日、東宮家に敬宮愛子内親王殿下がご誕生された。紀宮清子内親王殿下が紀宮さまと報道されていたのに倣い、敬宮さまと報道されると思いきや、なんと「愛子さま」になってしまった。称号は廃止されてはいないが、マスコミが勝手に廃止してしまったのである。

平成四年八月八日の朝日新聞を見よう。

「秋篠宮家長女の眞子ちゃんが七日ご一家の静養先の長野県県軽井沢で両親に抱かれて（中略）宮内庁によると最近は足がしっかりしてきて伝い歩きをするようになったという。水色のベビー服を着た眞子ちゃんは、指をしゃぶりながら秋篠宮さまのテニスを見た」。他紙はすべて「眞子さま」であり、朝日の独走である。朝日が先導するマスコミは代替わり、ご結婚、ご誕生等の重要な節目節目に着々と敬語敬称を廃止してきたのである。

平成五年六月九日の皇太子殿下御結婚の日の三日前の朝日新聞の社説を見ると「奴ら」の本音が垣間見える。【　】内は私の突っ込みである。

平成五年六月六日朝日新聞社説　「さん」が「さま」になる日

（適宜抜粋）皇太子殿下と小和田雅子さんのご結婚が間近に迫った。朝日新聞はその日から、雅子さんの敬称を「妃殿下」とか「雅子さま」に替える。これには一部に異論がある。親しみが感じられ耳にも慣れている「雅子さん」で良いのではないか、というのだ。

【一部に異論っていうが、どこにあるのだろうか。朝日の社内のことだろう。もちろんこの社説を書いているご本人も含めて。

親しみが感じられる？　皇室と庶民には、ある一定の距離を置くのが当り前ではないか。耳にも慣れている？　ご婚約発表はその年の一月上旬。それまで我々はみな雅子さんなるお人を知らなかったではないか。雅子さんという呼称は僅か五ヶ月しか耳にしていない。別に慣れているわけではない。今後、妃殿下という呼称を何ヶ月も耳にすれば、すぐにこちらの方が耳に慣れてくるに決まっているではないか。昭和の御代、美智子妃殿下という呼称に、誰一人違和感を覚えなかったはずである。】

「さん」「さま」問題に限らず、皇室報道では、まだまだ敬語や敬称が多すぎる。と感じることが少なくない。

【一体何を考えているのか。戦前に比べたら百分の一、いや千分の一ではないか。】

自戒をこめていうのだが、そこに、敬意さえ表しておけば問題はなかろう。といった、報道する側の安易な意識が表れていないだろうか。

【ぽろりと本音が出ている。敬意を表すると書いているが、文脈を考慮すると「敬語さえ使っていれば問題なかろう。」と書きたいところなのであろう。要は自分には皇室を敬う気持ちなど全くない、と本音が出てしまっているのである。】

過剰な敬語の使用は、読者や視聴者が抵抗感を招き、かえって敬意を損ないかねない。

【読者ではなく、ご本人含む社内の左翼の抵抗感だろう。一般庶民は殿下とお呼びして何十年、抵抗感など全くなかった。】

さらには皇室と国民のお関係を「上下」とみるような気分を生み、「国民の総意に基づく」と定められた国民主権下の象徴天皇制の基盤をおかしくさせないだろうか。

【なるほど、ここで憲法第一条「その地位は国民の総意に基づく」を持ち出して、上下ではないぞ、将来はその地位は上下ではなく横並びにするぞ、できるんだぞ、と言っている。】

外国の大統領には使わないのに、迎える側の天皇・皇族だけに敬語を使うといった不自然さを伴うことや、

【馬鹿か、外国の王公族元首にも敬語を使えば良いのだ。それこそ国際親善だろう。】

日本語全体に敬語の簡略化が進んでいることも考えれば、皇室報道における敬称や敬語はできるだけ減らして行くのが、歴史の流れに沿う行きかたであろう。

【歴史の流れをつくっているのは朝日新聞ではないか。ま、それを誇りに思っているのだろうが。】


敬称や敬語のありかたは、単に表現形式の問題にとどまらない。日常的な人間関係でもそうだが、敬称や敬語を多用しながら相手を批判したり率直な意見を述べたりするのは難しい。過剰な皇室敬語の下では、率直な皇室報道には限界がある。

【本音が出てしまっている。率直な報道に加えて批判的報道と書き加えたかったのであろう。すんでのところで思いとどまったらしいが、本音を見透かすことができる。敬語敬称を使わず、いずれ批判的報道ができるようにしたいのである。】


女性も天皇に即位できるようにしてはどうか。退位制度の是非、宮内庁の規模やあり方、皇室財政の問題、陵墓の学術的公開、など皇室周辺にはわたしたちの関心を呼ぶ問題がいくつもある。象徴天皇制の国民的基盤を強めるには、こうした議論が国民のあいだで活発に行われることが望ましい。

【この頃から言っていたのか。女性天皇、女系天皇にしたい。退位制度をつくり終戦直後のように退位に追い込みたい。宮内庁の規模や権限を縮小廃止したい。皇室財産を取り上げたい。陵墓を暴きたい。朝日新聞の望みが列記してある。女系天皇や退位譲位に朝日新聞始め左翼が好意的なのは、この皇室を亡ぼそうとする動きの一環だからである。譲位賛成論者はこの社説を全文熟読していただきたいものである。】

おわかりのように奴らの目的・主敵・本丸は次の来たるべき代替わり（平成の御代の終わり）の時に、陛下の敬称を廃止することにある。この時、必ず「民主化開かれた皇室のために」「時代の変化にあわせて見直しを行い」「調和を考えながら改善を重ねて」（朝日新聞の方針）陛下の敬称を廃止するであろう、間違いない。私は今さらながら肝に銘じた。朝日はリベラルなどというレベルではない。確信的に皇室打倒・日本共和国を希求している極左機関紙である。

以下は大正三年五月四日、東宮御学問所の入学式翌日の朝日新聞である。

（前略）斯くて午前八時、東宮殿下には学習院御同様の制服に只従来の半洋袴（注・半ズボン）を普通の洋袴（ズボン）に換へさせられ、濱尾大夫、入江侍従長以下東宮侍従を随へ御式場に台臨あり。一同最敬礼の裡に正面設けの御座御着席あらせらる、此時総裁東郷元帥は恭しく御前に進み出で、謹厳なる態度を以て「平八郎謹んで申し上げ奉ります。本日より当御学問所に於て愈（いよいよ）御修業の御事となられましたに就きましては、殿下には益（ますます）尊体を御健康に御学業を御励み遊ばされむことを偏（ひとえ）に希（こい）奉ります。」との式辞を言上すれば、殿下には直立不動の御威儀正しく御受あり、御首肯を以て御答意を示させられ、御機嫌殊の外麗しく御退場あそばされたりと承る。

御同様、御式場、御威儀、御答意、御期限、御退場等々「御」の字が十七カ所も使われている。鄭重この上なく、間然するところがない。朝日の記者は大先輩を見習うべし。余談だが御学問所の御用掛（科目倫理担当）の杉浦重剛は、東郷元帥を評して「お学問所の各学年の御始業式にも、御修了式にも、元帥は、殿下の御前に進んで、御学年中のこと御成績のこと将来希望し奉る点等を申し上げるのであるが、所謂鞠躬如といふことばでは形容ができないほどで、従来滅多に斯かる崇高にして、しかもゆかしき光景に接したことはない」と書き残している。御学問所は今の中学一年生から大学一年生である。東郷は御学問所入学式のときすでに六十六歳、日本海海戦の勝利で世界的な聖将名提督となっていたが、孫のような少年（東宮殿下）の御前で体を鞠のように丸くして震えていた光景は、まさに感動的である。

（初出：「やまと新聞」平成二十八年九月号）

第五節　いつから「昭和天皇」

数年前のことである、テレビで皇室についての討論番組があった。番組の中で田原総一朗なる御仁が、頻りに「平成天皇、平成天皇」と言うので辟易した。平成天皇なる言葉は存在しない、少なくとも今現在は存在しない。現在の天皇陛下を正式には「今上天皇（きんじょう）」または「今上陛下」と称することを、田原が知らないはずはない。しかし、その今上という称号に尊崇のニュアンスがあることを嫌って、わざと平成天皇と言っているのである。平成天皇とは諡（おくりな）である。諡号（しごう）・追号ともいう。要は庶民の言うところの戒名である。まだ生きている人を戒名で呼ぶ愚者がどこにいるのであろうか。田原なる人物の本質というか底を見た気がする。

　私が顧問を務め、常任講師を仰せつかっている「今さら聞けない皇室研究会」という勉強会がある。二年ほど前に、参加の聴衆に、私がこう聞いたことがある。「皆さん、昭和天皇はいつから昭和天皇と呼ばれたのでしょうか」。尊皇愛国で聞こえた御婦人が自信満々に答えた「昭和の初めからでしょう」。私が仰天したところ、老紳士が「いや、平成の初めから、つまり昭和天皇崩御からではないでしょうか」。私は「ほぼ正解です。では具体的に何月何日からでしょうか。崩御は一月七日です」（残念ながら保守業界でも、ほとんどの人がこの日付を知らない）。老紳士「では翌八日からですか」。厳密には間違いである。今上天皇は崩御とともに、いったん大行（たいこう）天皇になられるのである。私は鮮明に憶えている。昭和六十四年一月七日は土曜日だった。当時はまだ週休二日ではなかったので、日比谷濠に面した会社に出勤した。六時頃に家を出たので、午前六時三十六分の崩御を知らずに九時に会社に着いた。会社の玄関三カ所に左右二旒の巨大な日の丸の弔旗が掲げられており、何百という部屋すべてに「大行天皇の崩御を悼み、謹んで哀悼の誠を捧げます」と書いた紙が貼られていた。まさに仰天した。天皇陛下が崩御されて、いまだ御追号（諡号・おくりな）を奉らぬ内は、大行天皇という尊称を暫定的に奉るのである。大行はゆきて帰らぬという意味である。私は恥ずかしながら、この時初めて大行という言葉を知ったのである。当日午前八時三十三分に始まった閣議で決定された、首相謹話が八時五十一分に発表された。夕刊に載った首相謹話は「大行天皇崩御の悲報に接し、誠に哀痛の極みであります」から始まり、「天皇皇后両陛下皇太后陛下のお悲しみはいかばかりかとお察しするに余りあります」と続いているが、全文約九百字の中で大行天皇は四カ所出てくる。翌日の新聞には民間企業の奉悼広告が並んだが、ほとんどの企業が「大行天皇の崩御に際し（にあたり、を悼み）謹んで哀悼の意を表します」という文言で掲載している。各企業の広告担当者は、もちろん大行天皇という言葉を知らなかったであろうが、新聞社はすでに事前に勉強していたか、要路からの指示があったものと推察される。

平成元年一月二十日には殯宮移御後一日祭の儀が執り行われた。以下はその時に陛下が読み上げられたものである。

明仁謹んで
御父大行天皇の御霊に申し上げます。
崩御あそばされた後も、優しく厳かなお姿はまなかいに甦り、慈しみ深いお声は心耳に響いて、ひとときも忘れることができません。
幽明を隔てて、哀慕の情はいよいよ切なるものがあります。

ここに、正殿を以って殯宮に充て、霊柩をお遷しして、心からお祭り申し上げます。
そして一月三十一日に追号奉告の儀が執り行われた。

明仁謹んで
御父大行天皇の御霊に申し上げます。
大行天皇には、御即位にあたり、国民の安寧と世界の平和を祈念されて昭和と改元され、爾来、皇位におわしますこと六十有余年、ひたすらその実現に御心をお尽くしになりました。ここに、追号して昭和天皇と申し上げます。

「昭和天皇はいつから昭和天皇と呼ばれているのでしょうか」という質問の正解は「平成元年一月三十一日から」である。
本稿の読者は今後、今上天皇と大行天皇を記憶して、周囲から尊敬の眼差しで見られるようにしよう（余談だがご存命のうちに御譲位されると太上天皇〈略して上皇〉となる）。

（初出：「ニュースレター」平成二十九年十月号）

第六節　御製

何年か前のことである、新聞を読んでいると「昭和天皇の歌云々」という文言が目に飛び込んできて一瞬驚いた。昭和天皇の聖徳を賛美する歌曲があったのか、寡聞にして知らなかった、と思いきやそのあとに「思はざる病となりぬ沖縄をたづねて果さむつとめありしを」と続いていたのである。なんと昭和天皇の歌とは実は「御製（ぎょせい）」のことだったのである。

この記者は御製という言葉を知らなかったのだろうか。考えてみれば、御製という言葉を新聞では見たことがない。新聞協会の申し合わせか、社内で禁止されているのであろう。それにしても情けない話しである。天皇陛下の詠まれた和歌は御製という。皇后陛下の詠まれた和歌は御歌（みうた）、その他の皇族の詠まれた和歌は、お歌というのである。昭和天皇の御製、大正天皇の御製というように使う。ただし、今上天皇の御製とはいわず、ただ御製という。つまり上になにもつかない御製と言えば、今上天皇の御製のことと決まっているのである。それでは天皇が皇太子時代に詠んだ和歌はなんというのであろうか。答えは「天皇の皇太子時代の御製」である。つまり遡って御製と称するのである。御製という言葉は今でも生きている。本書の読者は今後、御製、御歌、お歌を使い分けて、周囲から尊敬の眼差しで見られるようにしよう。

明治天皇は生涯に一万首の御製を残された。まさに和歌の天才である。大正天皇は漢詩をよくし、これまた天才と称せられ、詩集も発行されている。天皇の漢詩は御製詩という。現在東京都立川市の昭和天皇記念館に掲示されている、大正天皇の皇太子時代の御製詩を紹介しよう。

此日青山玉輦停　　此の日青山に玉輦停まる
迎拝温容喜且驚　　温容を迎拝して喜び且つ驚く
何幸天賚降男子　　何の幸いか天賚男子を降す
得慰兩宮望孫情　　慰むるを得たり兩宮望孫の情
兒溽叡覧定歡喜　　兒叡覧を蓐うし定めて歡喜す
嬌口恰發呱呱聲　　嬌口恰も発す呱々の聲
妃猶在蓐不得謁　　妃なお蓐に在り謁するを得ず
吾獨恐懼荷光榮　　吾ひとり懼し光栄をになう

明治三十四年四月二十九日、青山の東宮御所にて皇太子殿下（のちの大正天皇）の第一皇子（のちの昭和天皇）がお生まれになった。皇太子殿下は葉山ご用邸に滞在していたが五月三日、汽車で上京、午前十一時に父子御対面、その後午後二時には早くも皇后（のちの昭憲皇太后）が皇子の顔を見に行啓された。その喜びを綴った御製詩である。大正天皇の喜びが伝わってくる。

富山県の呉羽山に大正天皇の御製詩碑が残っているという。

ところで、御製といい御歌といい「御」をつけたが、皇室関連のことばには、御をつけて良いものとそうでないものがある。皇室を尊崇するあまり、御皇室と言ったり書いたりする人が多いが、正しくは皇室に御はつけない。皇居勤労奉仕に行くと、ご褒美に立派な写真集をくれるが「御皇室写真集」ではなく「皇室御写真集」である。ついでだが英霊にも御をつけない。「御英霊の遺族」ではなく、「英霊の御遺族」である。御をつけるか否かは、なかなか難しいので、次節に詳述する。

（初出：「ニュースレター」平成二十九年十一月号）

第七節　「御」をつけない理由

前節では「御皇室の写真集」は誤りであり「皇室の御写真集」が正しいと述べた。皇室には御はつけない。皇室だけではない、「皇」の字の前には「御」をつけないのである。皇位、皇族、皇居、皇祖、皇紀、皇統、皇朝……。いずれも御をつけることはない。ではなぜ極めて尊い皇の字に、御をつけないのであろうか。本来は日本語はすべて縦書きなので、皇という尊い字の上には何もつけず何も乗せないのである。つまり皇の字を行の一番上に配して敬意を表するのである。したがって、皇の字が登場すると、いちいち改行して皇の字が行の一番上に来るように配する。例えば明治二十二年二月の「皇室典範及ビ憲法制定ニ

付テノ御告文」を見ると、

皇朕レ謹ミ畏ミ
皇祖
皇宗ノ神靈ニ……

とあり、皇の字で改行され、行の頭に配せられている。これを「平手」という。

皇の字のみならず、天皇または貴人の名も、同様に敬意を表するためにいちいち改行する。

明治二十四年十一月の各道府県庁にあてた文部省訓令に

管下学校へ下賜セラレタル
天皇陛下
皇后陛下の御影並ビニ……

とある。乃木大将の墨跡を見ると、実に見事に改行して行の頭に配している。

しかし、これを実行するとなると、紙数が足りなくなり、しかも読みづらい。そこで昔の人は考えた。改行を省略し、その代わりに皇の字や貴人の名の上を、一字または二字分空けるのである。これを闕字（けつじ）という。闕は欠の意である。

群馬県富岡製紙場正門前に、現存する昭和十八年建立の記念碑に徳富蘇峰が書いている。

惟フニ富岡製絲所ノ歴史ニ於テ特筆スヘキ一事アリ明治六年六月十九日　英照皇太后

昭憲皇太后ニハ赤坂假皇居ヲ發輿アラセラレ……

きちんと一字空けて篆刻されている。私は旅行の際はなるべく護国神社や陸軍墓地に参拝しているが、忠烈碑慰霊碑を拝観すると、ほぼすべて闕字を使っており感心する。私は先輩知人にわりあいまめに手紙を書くが、皇室のことを書くときは闕字を使う。知らない人は見過ごすか、ミスプリントだと思うだろうが、知る人ぞ知る。読者の皆さんも、今後は闕字を使って周囲から尊敬の眼差しで見られるようにしよう。

（初出：「ニュースレター」平成二十九年十二月号）

第八節　「御」をつけない字

さて先に、皇位、皇族、皇居、皇祖、皇紀、皇統、皇朝等「皇」の字には、御をつけないと述べた。他にも御をつけない（つけてはいけない）字はたくさんある。

まず天の字である。天皇はもちろんだが、天覧に御はつけない。天皇陛下が御覧になることである。例えば、自分の描いた絵画を、天皇が御覧になった場合「天覧に供する名誉云々」と使う。天覧相撲・天覧試合という言葉は戦後も昭和時代は生きていたが、ぜひとも復活させたい言葉である。天機は天皇陛下の御機嫌である。私がビジネスマン時代のことである、社長が支店に激励に来て、業績が良いので上機嫌でお帰りになる。そういう際に「天機ことのほか麗しう」などと使ったものである。今は死語になってしまったが、これも復活したいものである。天聴は、天皇陛下のお耳のことである。昭和十一年の二・二六事件のおり、当日午後の川嶋義之陸軍大臣告示に「一、蹶起ノ趣旨ニ就テハ天聴ニ達セラレアリ」とあるのが有名である。

聖の字にも御をつけない。東京の神宮外苑に聖徳記念絵画館という素晴らしい絵画館がある。明治天皇の御生涯を当代一流の画家が八十枚の絵で描いたもので、愛国者のみならず美術愛好者は必見である。しかし、いつ行ってもがら空きなのは淋しい。聖慮は後述の叡慮と同じく天皇陛下のご配慮・お気持ちである。聖旨は天皇陛下の御意向・御意思であり勅旨をさらに敬っていう言葉である。

勅も同じく御をつけず、御勅語とは言わない。勅旨、勅命、勅使など頻繁に使われる。二・二六事件で反乱軍に対して掲げられたアドバルーンに「勅命下る軍旗に手向かうな」とあったのは有名である。また、この時ラジオでも「兵に告ぐ」と題した放送があった。「勅命が発せられたのである。すでに天皇陛下のご命令が発せられたのである……」。ところで、勅使には御をつけなくても、勅使御差遣（差し遣わす）のように、差遣には御を付ける。ついでだが「おことば」は本来勅語である。勅語は「おことば」より遙かに語感に重みがあり、絶対に従わねばならないという気になる。復活したい言葉である。

叡も御をつけない。この字はあまり知られていないが、比叡山の叡である。「叡慮のかたじけなさに感泣する」というように使う。叡感は天機と同様の意味であり「叡感斜めならず」といえば天機麗しいと同じ意味である。

詔の字も御をつけない。詔書詔勅などである。終戦の詔勅、詔書渙発のように使う。玉も同じく御を付けない。玉体は天皇陛下のおからだのことである。昭和天皇最晩年、膵炎で手術をされた時、会社での会話で、「史上初めて玉体にメスが入れられたなあ」などと話合っていたものである。この時まで玉体という言葉は生きていた。玉音も復活したい。おことばのビデオではなく、勅語を放映、玉音放映である。玉座も復活したい。内閣改造の時、首相が任命、閣僚が認証される際に、宮殿松の間で認証式が行われ、テレビでも放映される。その際に天皇陛下の後ろにある、背の高い椅子が玉座である。いかにも座りにくそうだが、実際はあの玉座に天皇陛下がお座りなることはないそうだ。また、玉座は一つではなく、戦前は神事などで天皇陛下がお座りになる席も玉座と呼んだそうだ。しかし、現在は宮内庁でも玉座という言葉は使わず、なんと代わりに「儀礼用御椅子」と言うそうである。がっかりである。玉歩は、天皇陛下の歩みのことである。「私の目の黒いうちに、九段坂上に玉歩を進められることを熱望する」などと使う。天皇陛下の靖国神社御親拝を熱望する、ということを丁寧に敬っての言い方である。

私事だがこの玉歩ということばを私に教えてくれた、「英霊にこたえる会」の老幹部（旧軍人）も、熱望が実現しないうちに他界してしまった。瞑目。

使われなくなった言葉が実にたくさんある。大日本帝國は二回亡んだ、とは私の持論である。一回目はもちろん終戦である。帝国はその後瀕死のまま生きながらえたものの、ついに昭和天皇崩御のときに完全に亡んだのである。

（初出：「ニュースレター」平成三十年一月号）

第九節　「御」をつける字

前節で「御」をつけない字について述べた。ある先輩と話をしていて、このことに話題に及んだ。私が得意げに皇室という言葉には御を付けない。英霊にも御を付けない、などと話したところ、先輩は「何を言うか。付けたければ付ければ良いのだ。皇室に敬語を使わない奴らが多すぎる中、ルールにあろうとなかろうと、敬慕の念が高じて思わず御を付けてしまう。いいことじゃないか、お前は浅薄な知識をひけらかせて、せっかくの尊皇心に水を差すな」と叱られた。

なるほど、先輩の言う通りだと思う。読者は前節を気にせず。盛大に御をつけていただきたい。

というわけで、今節は御を付けるべき言葉について述べる。

まずは正月の行事である「講書始の儀」である。マスコミはすべて御を付けないが正式には御講書始である。毎年正月に宮中で「歌会始の儀」が開催される。ＮＨＫで放映されるので、是非とも御覧いただきたい。一般国民から選に入った歌、選者・召人の歌、皇族のお歌、皇后御歌（みうた）と次々朗詠され、最後に御製となる。このとき、天皇以外は全員起立して御製を拝聴するのである。厳粛にして雅やかな瞬間である（ただし歌会始の中では、御製は「おおみうた」と称する）。歌会始は、明治大正時代は歌御会始（うたごかいはじめ）と称した。昭和に入ってからは歌会始または御歌会始となった。私は歌会始より歌御会始の方が丁寧なので、歌御会始と言っているが御歌会始めでも良いと思う。

絶対に御をつけたいのは御懐妊である。昭和の時代は「妃殿下御懐妊」と報道された。平成に入ったら秋篠宮妃も東宮妃も「懐妊」になってしまった。懐妊というと、妊娠より丁寧な言葉だと思う人もいるが、そうではない。妊娠と全く同じ意味である。だから新聞で「紀子さま懐妊」と報じられるのは「紀子さま妊娠」と報じられるのと全く同じである。牛馬と同じ言葉を使って恬として恥じない、嘆かわしい限りである。その内、パンダさま御懐妊と報じられるかもしれない。ただし、この次に御懐妊を使うのは、だいぶ先のことである。眞子内親王殿下は御降嫁されて一般人になってしまうので、御懐妊とは言わない。二十年ほどのち、悠仁親王殿下が御結婚され、妃殿下御懐妊まで使うことがないだろう。私はこの目で悠仁親王妃殿下御懐妊と十ヶ月後の「親王御降誕」の報を聞いたあとに、あの世に行き、皇統の行く末を心配している諸先輩に、喜びを報告したいと思っている。

それより先に来たるべきは姫宮さまの御降嫁である。姫宮さまの御結婚には二種類ある。皇室皇族または三位以上の華族に嫁する場合は御婚嫁、それ以外に嫁する場合は御降嫁であるが、今は御降嫁しかあり得ない。ついでだが皇太子がお生まれになると御降誕、その他皇族は御生誕である。

さて、間近には悠仁親王殿下の御進学もある。中等科に進学ではなく御進学である。新聞週刊誌に載っている御写真は、御写真であり、写真ではない。正しくは御影（ぎょえい）だが、御写真でよいと思う。譲位も御譲位が正しい。退位については、退位という言葉そのものを使うべきではないので、ここでは論じない。

その他憶えておきたい言葉をいくつか紹介する。天皇はじめ皇族の行列を鹵簿（ろぼ）という。騎馬鹵簿と自動車鹵簿がある。現在も両陛下が海外に行幸啓の際、また還幸啓の際に、二重橋前で自動車鹵簿を送迎する一群の愛国者がいる。私も時々参加して萬歳を絶叫するが、なかなか良いものである。

戦前は天皇のお乗り物は鳳輦（ほうれん）、皇后皇太后は玉輦（ぎょくれん）、皇太子は鶴駕（かくが）と言っていた。典雅であり、復活したいものである。今はお召し列車またはお召し車で統一されているが、仕方がないのだろうか。しかし最近はそれすらも言わなくなってしまった。行幸で一泊以上の場合、または比較邸長くご滞在されることを御駐輦（ごちゅうれん）という。静岡県金谷市、山形県庄内町等各地に御駐輦記念碑が残っている。また　短い小休止のことは御駐蹕（ごちゅうひつ）という。今でも「明治天皇御駐蹕之地」の碑が札幌の山鼻小学校や千葉県習志野薬円台公園に残っている。

駐輦と駐蹕は取り立てて区別しなくてもよいと思う。御野立所（おのだてしょ、またはおのだちしょ）は天皇が陸軍大演習等を観戦された所を指す。茶道の野点（のだて）とは関係ない。ちなみに東京の北の丸公園には「昭和天皇御野立所」の碑が残っている。表面は「昭和天皇御野立所」裏面は「昭和五年三月二十四日復興帝都巡幸ニ當リ玉歩一歩ヲ此處ニ駐メサセ給フ」、側面は「平成元年四月二十九日　近衛歩兵第一聯隊會建之（再建）」。

その他皇室に関しては、出来るだけ「御」または「お」をつければ良いと思う。

敬語の使える人はいつの世でも尊敬される。奥ゆかしさを感じるのだ。朝日新聞の記者も、自分の子女には厳しく敬語をしつけているのではないだろうか。皇室だけには意地でも使わないようだが。

（初出：「ニュースレター」平成三十年二月号）

第十節　崩薨逝卒死

皇室報道について、敬語・敬称の廃止について述べたが、今節では皇室独特の用語の廃止について語ろう。尊貴な方が亡くなった場合の用語である。律令時代から戦前まで、天皇皇后皇太后太皇太后が、亡くなられた場合は崩御（崩ずる）を用いた。その他皇族については薨去（薨ずる）を用いた。薨去は皇族以外でも三位以上の高位高官にも用いた。三位というと、江戸時代までは大納言以上であるが、明治以降はだいたい子爵以上である。その下従六位までは「卒去」である、従六位というと概ね高等官七等以上であり、陸海軍大佐クラス・大使館一等書記官等であった。従七位以下は「死去」である。（官報掲載規程）

さて、皇族の薨去である。戦前はもちろん薨去と報道されていた。唯一の例外は広島の原爆で薨去された李王家の李鍝公であり、御戦死と報道された。

戦後はどうなったのであろうか。昭和二十六年五月十七日、皇太后陛下が崩御された。諡（おくりな）は貞明皇后である。朝日新聞は「皇太后陛下御逝去」である。占領下とはいえ、ここに皇室を軽んじる報道の端緒が見える。さらにひどいのは昭和二十七年一月四日の秩父宮雍仁親王殿下薨去のときである。朝日新聞はなんと「御死去」である。御をつけてはいるものの、死去とは！　卒去を飛び降りて一気に従七位以下まで落とされてしまったのである（他紙は御逝去）。昭和六十二年二月三日の高松宮宣仁親王殿下薨去も、朝日の見出しは「ご死去」であり本文は「死去された」である。朝日は平成七年八月秩父宮妃殿下、平成十六年十二月の高松宮妃殿下の薨去では「ご逝去」と報道している。平成十二年六月の皇太后陛下（香淳皇后）崩御については、朝日は「皇太后さまご逝去」「亡くなられた」と報道している。しかし、男性皇族については平成十四年十一月「高円宮さま急逝」、平成二十四六月「寛仁さま逝去」、平成二十六年六月「桂宮さま逝去」である。庶民の弔電でも「○○様の御逝去を悼み謹んで云々」であるのに、朝日は断じて「御」をつけない。皇室を軽視しているのではなく、敵視していると言わざるを得ない。むろん宮内庁は終始正式に崩御・薨去と発表している。「皇太后陛下におかせられましては、本日午後四時四十六分吹上大宮御所にて崩御あらせられました。（中略）まことに哀痛の極みに存じます。平成十二年六月十六日宮内庁」。「桂宮宜仁親王殿下には本日十九時五十五分東大病院にて薨去あそばされました。謹んで哀悼の意を表する次第であります。平成二十六年六月八日」。

　産経新聞も長く「ご逝去」を使っており、平成二十四年六月の寛仁殿下薨去も「ご逝去」と報道していた。しかし、平成二十六年六月の桂宮宜仁親王殿下薨去に際しては「桂宮殿下薨去」と報道、ひとり気を吐いている。しかし、朝日をはじめとするマスコミは、来たるべき陛下の崩御には「ご逝去」と報道するに違いない。

　ここで、昭憲皇太后崩御の際の朝日新聞の報道を見てみよう。大正三年四月十一日の紙面である。

「畏くも我が皇太后は沼津の行宮に在して玉体不豫、日を閲すること旬餘にして忽ち大漸を傳へ、大正三年四月十日東京青山の宮殿に還御、翌日、仙馭升遐、幽冥永く隔てたまふ。嗚呼哀しき哉。（中略）臣民等、連（しきり）に大喪にあひて、悲號ますます切に、この深痛をいかにせん。（後略）」「大漸」は容態急変、「仙馭升遐」は上皇や皇太后が遙か高い天に登られるという意味である。「連（しきり）に大喪にあひて」はわずか一年九カ月前に明治天皇の大喪があり、続けての悲痛という意味である。記者の厳粛な気持ちが伝わってくる文章である。

ついでだが、この前日、容態御急変の報道の関連で「東宮殿下天明迄御端座」という記事を紹介しよう。

「東宮殿下には八日夜八時、例の如く御寝相成りたるが、（中略）九日午前二時半宮内省より電話あり、皇太后陛下御急変の趣申し来りたれば、本多侍従は恐懼しつつ殿下に言上したるに、殿下には御驚愕あそばされ種々御容態の御下問あり。侍従等は、今だ深更なればお寝みあそばさるるやう言上したるも、殿下にはお取り上げ相ならず。御居間に端座あそばされしまま、一睡だもあそばさずに夜を明かし給へる由に承はる（後略）」

このとき東宮殿下御年十二歳。言うも烏滸がましいが、栴檀（せんだん）は双葉より芳しいのである。

第十一節　本名を呼ぶな

本名のことを諱（いみな）という。言うことを忌むから忌み名というのである。

古来、貴人の本名を呼んではいけないことになっている。男性の本名は主君か親しか呼ばなかった。そもそも周囲は本名を知らなかったのである。女性の本名は夫か親しか知らなかったのである。

映画やテレビで「信長殿」と「家康さま」などと言っているが、実際はあり得なかった。その時々の官名で呼ばれていたのである。信長は「上総介さま」とか「右大臣さま」、家康は「三河守さま」とか「内大臣さま」である。さらに敬って三河守は「参洲さま」と呼ばれていたのである。内大臣は「内府さま」右大臣は「右府さま」である。ついでだが水戸光圀は光圀さまなどと誰も呼んではいない。「中納言さま」とか「黄門さま」である。黄門は中納言の唐名である。

現代の一般社会でも、それほど変わってはいない。大物政治家と雖（いえど）も、「晋三さま」とか「晋三さん」とは呼ばない。そう呼ぶのはトランプ大統領か昭恵夫人くらいなものである。一般企業でも同じである。会社の社長を名前では呼ばない。これは世界中に見られる現象である。三国志では蜀漢の皇帝劉備しか、諸葛孔明を諱の亮で呼んではいない。他の人は丞相と呼んだのである。本名は蔣中正だが、本名を忌んで蔣介石と呼ぶ。女性に関してはもっと徹底していた。清少納言も紫式部も本名はわからない。本人・親・配偶者しか知らなかったので伝わっていないのだ。

時代は下って明治時代も、やんごとなき女性の名前は誰も知らなかったようだ。

　昭憲皇太后のお名前は美子（はるこ）だが、当時その名前で呼ぶのは明治天皇だけだったであろう。貞明皇后は本名は節子（さだこ）だが、これも節子と呼んだのは、入内後は大正天皇だけであろう。私の両親は大正生まれだが、二人とも昭和の御代の皇后陛下のお名前良子（ながこ）を知らなかった。ついでだが昭和天皇は、良子ではなく良宮（ながみや）と呼んでいたそうだ。ところが現代はどうだ。昭和三十四年のご成婚の時に東宮妃または皇太子妃殿下と、お呼びすべきなのに、美智子妃殿下と呼んだのが、そもそもの始まりである。ミッチーなど不愉快で論じたくもない。女性の名前は気安く呼んではいけないのである。私の家内は真知子であるが「真知子さん」と呼ぶのは、私の両親だけである。ビジネスマン時代に、私の同僚や部下が「真知子さんお元気ですか」「真知子さんによろしく」とは言わない。「奥様」または「奥さん」である。

　であるのに最も尊い女性について、美智子妃殿下、美智子皇后とは無礼千万である。雅子さま、愛子さま、紀子さまにいたっては論外である。ついでだが、極左団体の機関紙などでは「アキヒト」「ヒロヒト」「美智子」などと呼び捨てである。

　正しく東宮妃または皇太子妃殿下、敬宮殿下、秋篠宮妃殿下とお呼びし、お名前は忌むべきなのである。敬宮殿下以外の姫宮には御称号がないので仕方がないが、やむなくお名前を呼ぶ時は、彬子女王殿下等正式にお呼びすべきである。


（初出：「ニュースレター」平成三十年三月号）

第二章　皇位継承

第一節　皇位継承順位

「今さら聞けない皇室研究会」（以下「研究会」）の勉強会で参加者の愛国女性に「皇位継承順位第一位はどなたでしょうか？」と質問すると、ほとんどの方は「皇太子？」と自信なさそうに答える。むろん正解である。皇位継承順位第一位だから、皇太子と申し上げるのである。では現皇太子徳仁親王殿下は、いつから皇太子になられたのであろうか。もちろん昭和天皇崩御、今上陛下践祚の時からである。しかし、正式に皇太子に成られたことを宣言したのは、立太子の礼においてである。

「研究会」の参加者で立太子の礼を知っていた人は皆無であったので、脱線するが少し触れたい。昭和天皇崩御から一年の服喪が平成二年一月に明け、即位の礼は十一月十二日に挙行された。そして翌三年二月二十三日、徳仁親王殿下三十一歳のお誕生日に、立太子の礼が挙行された。当日は臨時祝日となり官庁企業はお休みだったが、憶えている人はいない。私は新築の自宅の玄関前に初めて国旗を揚げたのでよく憶えている。

今上陛下（明仁親王殿下）の立太子の礼は昭和二十七年十一月十日に挙行された。主権回復後最初の国事だったので、殿下の仮御所から皇居まで、馬車の祝賀パレードも行われ、国民上下大いに沸いたという。式典では吉田茂首相が壽詞（よごと）を読み上げたが、涙でしばしば絶句し、衆議院議長大野伴睦は、感極まって号泣した。私はその事実だけでこの政治家が好きになった。あの大戦争の悲しみを乗り越え、かろうじて国体を護持できた慶びを噛みしめ、居並ぶ顕官貴紳の胸にも万感の思いが去来したことであろう。そして、陛下ご自身のご胸中を拝察するに、涙を禁じ得ない。脱線するが、吉田首相はこの壽詞の最後を「臣茂」と締めくくったが、これが国会で「国民主権国家にふさわしくない」と問題になった。もちろん首相は一蹴しているが。孫の麻生太郎は平成二十年九月、首相就任時の所信表明で「わたくし麻生太郎、この度、国権の最高機関による指名、かしこくも、御名御璽をいただき、第九十二代内閣総理大臣に就任いたしました」と演説し話題になった。

さらに脱線するが、平成二十四年八月に、靖国神社を参拝した衆議院議員松原仁（当時拉致問題担当大臣）は「臣松原仁」と記帳している。さて昭和二十七年の立太子の礼に戻るが、翌日には皇居一般参賀が行われ、五回で二十万人がおしよせ、自然発生的に君が代が斉唱された。昭和天皇の例に倣い、記念切手も発行された。しかし、平成の立太子の礼の時は発行されなかった。残念である。この平成の立太子の礼は、湾岸戦争の真っ最中ということで簡素なものになってしまったというが、次回は盛大に挙行していただきたいものである。とはいうものの次の立太子の礼は、秋篠宮文仁親王殿下が皇嗣から天皇に御即位されたあとになるので、私は生きてはいないだろう。

現皇室典範第二条を見よう。

「皇位は、左の順序により、皇族に、これを伝える。

一　皇長子、二　皇長孫、三　その他の皇長子の子孫、四　皇次子及びその子孫、五　その他の皇子孫、六　皇兄弟及びその子孫、七　皇伯叔父及びその子孫」。

現皇太子徳仁殿下が皇位につかれると、右記の一番から五番までいらっしゃらないので、「六　皇兄弟」ということで秋篠宮文仁親王殿下が皇嗣（皇太弟）になられる。秋篠宮殿下が皇位に就かれる何十年後には、現在の皇族はすべて薨去または降嫁されているはずである。

その時点で、宮家は皇位継承権保持者の悠仁親王殿下の、東宮家たった一つしかないことになる。

第二節　外国の王位継承

ここで英国の王位継承者を見てみよう。継承順位第一位はむろんチャールズ王太子である。第二位はその長子（英国は長子相続であり、男女にかかわらず長子が王位を継承する）ウィリアム王子三十四歳。さらにその長子ジョージ王子三歳と続く。驚くことに英国の王位継承権保持者は実に多く、現在オランダ国王の長女であるカタリナ・アマリア王太女（十二歳）の八百三十一位まで確認できる。欧州の王室は婚姻を繰り返しており、英国の王位継承者にノルウェー・スェーデン・デンマークなどの王族が多数存在し、ルーマニア、ブルガリア、セルビア、グルジアなどの旧王家にも継承者が多数いる。サウジアラビアのサウド王家など王族が約一万人いると言われており、日本の人口比で換算すると約五万人になる。そこまで多くても困るだろうが、日本のように少なすぎても困るのである。

（初出：「世論」平成二十九年七月号）

第三節　皇族が増えすぎて苦慮してきた先人

我が国の皇位継承の歴史を振り返ると、皇位継承者（皇族・親王）が多すぎたり少なすぎたり、その調整に苦慮してきた歴史と言えるであろう。まず、多すぎた時代を見てみよう。平安時代には皇族が増加しすぎて国家財政を圧迫するようになり、姓を賜って（賜姓）臣籍に降下するようになった。敏達天皇の五世または六世子孫の葛城王が天平勝宝二年（キリスト暦七五〇年、以下同じ）に、橘姓を賜って臣下となり、橘諸兄を名乗ったのを臣籍降下の嚆矢とする。桓武天皇の孫高望王が平姓を賜って平高望となった。桓武平氏の始祖である。その後、清和天皇の孫経基王が源姓を賜って清和源氏の始祖となり、頼朝、義経に繋がるのは有名である。

江戸時代までは、天皇の男子（皇子）の内、宣下のあった皇子のみ親王となることができた。親王宣下という。

増加する一途の親王に苦慮していたことが窺える逸話がある。平安時代は式部省・兵部省・

宮内省等中央省庁の長官（卿）を親王が占めていた。しかし、親王の増加に伴い、ポスト不足に陥り、その打開策として天長三年（八二六）に、大国であった上野・常陸・上総の三カ国に限り国司（県知事）ポストを親王の領国（任国）としたのである。

余談だがこの三カ国に限り、国司が親王なので、副知事である「介」が、臣民のポストとしては最高位となる。したがってこの三カ国の「介」は他の国の国司と同格であった。赤穂浪士に討たれた吉良義央や、幕末に官軍に斬首された小栗忠順は、官職は上野介である。私は子供の頃、吉良上野介は氏名だと思っていたが、上野の国の介（今で言えば群馬県副知事）という官職に任命されたのである。もちろん名目上の任官であり、吉良も小栗も群馬県とは何の関係もない。

第四節　出家という口減らし

その後、中世になり皇位に就く親王、つまり皇太子以外の親王は出家することになっていく。承徳三年（一〇九九）、白河天皇（後に上皇→法王）の第二皇子が仁和寺に出家、後に門跡となり（門跡とは寺または住職をいう）、親王宣下を受けた。覚行法親王であり、法親王（ほっしんのう）の初例である。ちなみに親王になった後に出家すると入道親王と言った。共に僧籍にある親王のことである。当時は僧籍にある者は妻帯できないので、皇族の増加に歯止めをかけることができた。大きい寺の門跡となれば、ある程度の格式や収入は保障されたのであるが、国家財政の観点からは、表現は悪いが体の良い口減らしである。皇室に生まれるのも良し悪し、と言えるのだろうか。仁和寺のように、親王を受け入れる格式の高い寺を、宮門跡または親王門跡と称した。特に仁和寺・大覚寺・輪王寺は親王のみが門跡になることができる寺院であった。この宮門跡はその他知恩院・勧修寺・三千院・聖護院・妙法院・聖護院・照高院・青蓮院・曼殊院・三千院・毘沙門堂・円満院・勧修寺・知恩院と合計十三あり、十三門跡とも称した。

第五節　今度は少なすぎて、世襲親王家をつくる

前述のように、皇子は親王宣下がなければ親王になれなかった。しかし、法親王の初例から四百年ほど経った足利三代将軍義満の頃に、歴代天皇の血統の親疎にかかわらず、代々親王を世襲することができる宮家（親王家）が誕生した。

伏見宮家である。この宮家は、代々嫡子が、血統が時の天皇から遠くなろうとも、必ず親王宣下を受けることができるようになったのである。この頃になると親王は皆門跡になってしまい、皇位継承者が極端に少なくなってしまっていたのである。

宗家とは別に、常に親王を確保して、皇統断絶の危機に予備として皇位を継承できるようにしたのである。実際足利六代将軍義教の時代、称光天皇が後嗣なく崩御、皇統が絶えそう

になる。この時、伏見宮家から彦仁（親）王が即位している。後の後花園天皇である。豊臣秀吉の時代に、同じく世襲親王家として桂宮家が誕生。さらに約三十年後、徳川三代将軍家光の時代に、三つ目の世襲親王家である有栖川宮家が誕生する。有栖川宮家からも寛永十四年（一六三八）、四代将軍家綱の時に、後西天皇が出ている。そして宝永七年（一七一〇）、新井白石の建言により四つ目の世襲親王家として閑院宮家が誕生し、この四つの世襲親王家を四親王家とも称するようになった。

新井白石は、世襲親王家が三家だけでは、今後も皇統断絶の危機に陥るのではないか、と危惧し建言したのである。後述するが実に先見の明に満ちたものであった。

第六節　四親王家と徳川御三家

この世襲親王家を理解するための絶好のモデルが徳川御三家である。周知のように家康は九男を尾張大納言、十男を紀伊大納言、十一男を水戸中納言に封じた。御三家は万一宗家（将軍家）の後嗣が絶えた時のための予備（スペア）である。実際に七代将軍で宗家が絶え、紀伊大納言家から吉宗が相続して、八代将軍となっている。さらに吉宗は家康に倣い、自らの次男を田安家、四男を一橋家、長男の次男を清水家として、所謂御三卿を立てた。実際にこの御三卿から十一代家斉・十二代家慶・十三代家定・十四代家茂が出ている。

世襲親王家も同様の役割を果たしてきた。そして閑院宮家創設七十年後の安永八年（一七八〇）、後桃園天皇が後嗣なく崩御、閑院宮家から師仁親王が即位している。後の光格天皇である。この光格天皇の皇子が仁孝天皇、その皇子が孝明天皇、そして明治天皇と続くのである。新井白石の建言は、どれほど称えても称え過ぎることはない。

第七節　幕末には宮家は実質二家のみ

まとめてみると、まず応永十六年（一四〇九、足利三代将軍義満の頃）、伏見宮家御創立あらせらる（以下御創立と略す）。次いで天正十九年（一五九一、豊臣秀吉の時代）、桂宮家御創立。寛永二年（一六二五、徳川三代将軍家光の時代）に、三つ目の世襲親王家である有栖川宮家が御創立。そして宝永七年（一七一〇）、新井白石の建言により四つ目の世襲親王家として閑院宮家が御創立。嘉永六年（一八五三、ペリー来航）時点では、この四つの宮家以外の皇族は、悉く門跡になって（出家して）しまっていたのである。慶應三年十二月の王政復古の大号令の時点では桂宮家は嗣子がなく淑子内親王が当主となっており、閑院宮家も当主が若くして薨去しており、空位となっていた。伏見宮家は当主邦家親王が六十五歳と、当時としては高齢であった。唯一有栖川宮家の熾仁親王が三十二歳の働き盛りであった。熾仁親王は、当時十五歳で践祚後間もない明治天皇を補佐して、新政府の総裁になり、ついで東征大総督となる。

余談だが明治天皇には、践祚された慶應三年一月から王政復古までの一年足らずだが、摂政がいた。人臣最後の摂政二条斉敬である。その後、明治二十二年の皇室典範で摂政は皇族に限ると定められ、大正十年には時の東宮（後の昭和天皇）が摂政になっている。

（初出：「やまと新聞」平成二十八年六月号）

第八節　明治維新で爆発的増加

以上の通り幕末には、宮家は実体としては有栖川宮と伏見宮しか存在しなかった。だが維新とほぼ同時に、爆発的ともいえる増加があった。徳川家には多くの眷属（けんぞく）がいたのだが、一方の皇族はあまりにも人数が少なかった。そこで宮家を急いで作って、天皇の藩塀（はんぺい）としようとしたのである。この爆発的増加を詳しく見る前に、読者におかれては是非とも前述の伏見宮邦家親王のお名前をご記憶いただきたい。明治五年に七十一歳で薨去された邦家親王は、十四歳から六十七歳までの間に、実に皇子十七人皇女十五人を生している。当時の慣例に従い、嫡子以外の皇子は出家していたのであるが、その皇子たちが王政復古、皇室勢力の大挽回とも言うべきこの秋（とき）を迎え、続々と還俗し宮家となっていったのである。

青蓮院尊融入道親王（伏見宮邦家親王の第四皇子）は文久三年（一八六三）還俗して後に明治八年に久邇宮朝彦親王となる。

勧修寺済範入道親王（邦家親王の第一皇子）は元治元年（一八六四）還俗して山階宮晃親王。

仁和寺純仁入道親王（邦家親王の第八皇子）は慶應三年（一八六八）還俗して小松宮彰仁親王。

同年輪王寺公現入道親王（邦家親王の第九皇子）は還俗して北白川能久親王。

同年聖護院信仁入道親王（邦家親王の第十三皇子）は還俗して北白川智成親王。

聖護院能仁入道親王（邦家親王の第二皇子）は還俗して聖護院嘉言親王（すぐに薨去）。

知恩院尊秀入道親王（邦家親王の第十二皇子）は還俗して華頂宮博経親王。

円満院覚順淳入道親王（邦家親王の弟）は明治三年（一八七〇）還俗して梨本宮守脩親王。梨本宮家はその後邦家親王の第四皇子久邇宮朝彦親王の第四皇子守正王が嗣ぐ。

以上の通り、維新前後に爆発的に増えた新立宮家はすべて邦家親王の皇子である。さらに明治三十三年賀陽宮創立、初代邦憲王は邦家親王の第四皇子久邇宮朝彦親王の第二皇子である。

明治三十六年に東伏見宮創立、初代依仁親王は邦家親王の第十七皇子。

明治三十九年竹田宮創立、初代恒久王は邦家親王の第九皇子北白川能久親王の第一皇子である。

同年朝香宮創立、初代鳩仁王は、邦家親王の第四皇子久邇宮朝彦親王の第八皇子である。

同年東久邇宮創立、初代稔彦王は邦家親王の第四皇子久邇宮朝彦親王の第九皇子である。

以上の通り、幕末以降に新たにできた宮家は、すべて伏見宮邦家親王の子孫である。四親王家に目を転じよう。桂宮家は明治十四年淑子内親王の薨去により絶家。有栖川宮家は熾仁親王に後嗣なく薨去の後、異母弟の威仁親王が嗣ぐが、大正二年に後嗣なく薨去され断絶した。残る伏見宮家本家は邦家親王の第六皇子が、続いて第一四皇子貞愛親王が嗣いだ。閑院宮家は幕末から空位となっていたが、伏見宮邦家親王の第一六皇子戴仁親王が養子となって後を継いでいる。見事なまでに伏見宮邦家親王の血統が、天皇家宗家以外の宮家をすべて構成したことになる。その後、明治三十六年に小松宮、大正十三年に華頂宮が嗣子なく断絶するが、伏見宮邦家親王の子孫十一宮家は終戦まで存続する。言い換えれば、昭和二十二年十月に臣籍降下した、いわゆる旧宮家十一家は、すべて邦家親王の子孫なのである。この爆発とも言える宮家増加によって生じた新たな問題については次節で論じることにする。

（初出：「やまと新聞」平成二十八年七月号）

第九節　増加に歯止め

前節で述べたように、明治維新で爆発的に宮家が御創建された。文久三年（一八六三）から明治三年までの数年間で久邇宮・山階宮・北白川宮・小松宮・華頂宮・梨本宮と六家も御創建された。これら新しい宮家を、四親王家と区別して新立宮家という。その頃、戊辰戦争等で明治新政府の国庫は空になっていた。窮乏を極める国家財政で、これだけの宮家を維持していくことは、困難であった。

ついに新政府は次の布告を出すにいたった。

明治三年十二月十日太政官布告
四親王家ノ外、新タニオ取建テニ相成リ候　親王家ノ儀ハ　二代目ヨリ賜姓華族ニ列セラレ候コト

要するに、新立宮家は昔からの四親王家とは異なり、一代限り宮家にする、としたのである。そうすれば自然と宮家の増加はとめられると、期待されたのである。

ところがそうはいかなかった。

明治五年、北白川宮智成親王が薨去されると、一代限りであるから、その子能久親王は臣籍降下するはずであったのに、特旨（格別な勅旨・思し召し）によって宮家を継承してしまう。

さらに明治九年、華頂宮博経親王薨去により臣籍降下するはずが、博厚王が同じく宮家を継承してしまう。

明治十八年、華頂宮博厚王が嗣子なく薨去したためお家断絶するはずが、伏見宮家より養子愛賢王を迎えて華頂宮家は存続してしまう。

要は明治三年の、一代限りという太政官布告は、有名無実なものになってしまったのであ

る。

第十節　皇室典範で永世皇族制に

明治十一年頃から皇室典範制定の動きが始まり、この皇族の数の問題が懸案となっていく。一代限りという太政官布告がなし崩しになっていったので、歯止めを掛けないと際限なく皇族が増えてしまう。国家財政を圧迫してきたのである。皇族の数が多いと、財政問題だけではなく、不祥事を起こす皇族が出てくる可能性もある。さらにあまりに血縁が遠いと、非望を逞しうする皇族が出てくる懸念もあった。

しかし、紆余曲折があり、最終的に皇室典範でどう既定するのか、明治二十一年六月四日、天皇御臨席の枢密院会議（議長伊藤博文）において討議されたのだ。用意された皇室典範の原案は、「皇子より皇玄孫に至る迄は、生まれながらに男を親王、女を内親王とし、五世以下は男を王、女を女王とする」というもので、どこまでを皇族と定めるのかに言及はなく、未来永劫百世までも皇族とするというものであった。

この会議では国家財政を危ぶみ、この永世皇族に反対する声が相次ぎ、翌々日に持ち越された。内大臣三条実美・宮内大臣土方久元・司法大臣山田顕義・枢密院副議長寺島宗則他、榎本武揚・佐野常民・吉井友実・大木喬任らが反対し、会議は紛糾、ついに採決となった。

結果は原案（永世皇族制）賛成十四人反対十人で、皇室典範は永世皇族制を採用することになった。ついでだが現在の皇室典範もこれに倣っている。

本来、永世皇族制に批判的だった伊藤博文までが賛成してしまったのだが、これにはもちろん明治天皇の御意向が大きく働いている。

読者ご存じの通り、明治天皇には親王がお五方お生まれになったが、成人したのは大正天皇ただお一人、他お四方はすべて夭折している。この時点で大正天皇は十四歳、病弱で学習院も休みがちであった。明治天皇ご自身の唯一の兄宮も夭折している。孝明天皇の兄宮お二方弟宮お二方とも夭折。その父君仁孝天皇は、兄宮お三方弟宮お四方すべて夭折。その父光格天皇も兄弟の中で成人したのは、ご本人ただお一方であった。まさに薄氷を踏み蜘蛛の糸で繋がる、極めて危うい皇位継承が続いていたのだ。こういう背景があり、明治天皇は皇位断絶を心配して、あえて永世皇族制に舵をきったのである。

しかしこの時、皇族の増加を制限するための手立ても一つ、皇室典範に加えられた。

前述したが、明治十八年、華頂宮博厚王が嗣子なく薨去したためお家断絶するはずが、伏見宮家より養子愛賢王を迎えて、華頂宮家は存続してしまう。このような、増加を少しでも止めるために、養子を取ることを禁止したのである。

皇室典範第四十二条　皇族は養子を為すことを得ず。

なお、養子を禁止した理由は他にもあるが、後述する。

第十一節　永世皇族制の廃止

先述のように、明治二十二年の皇室典範では、永世皇族制が採用され、その後も皇族は増え続けた。当然のことながら国家財政を圧迫し続けたのである。明治二十四年に宮内省が作製した「皇族推定統計凡例」を見よう。この時点で皇族数四十五人である。

十年後試算五十三人↓二十年後六十三人
三十年後八十二人↓四十年後百人
五十年後百二十一人↓六十年後百四十五人
七十年後百七十三人↓八十年後二百人
九十年後二百四十八人↓百年後二百八十九人

（憲政史編纂会収集文書所収）

こうした状況を踏まえ、伊藤博文は畢生の事業として、永世皇族制の廃止に取り組んだのである。

明治三十一年、伊藤博文は遂に天皇に意見書を提出する。世に言う「皇室十（七）箇条の意見書」である。その中にこの皇族増加の制限がある。

皇室典範御制定の際に於ては、祖宗の遺法を斟酌して皇族を降下して人臣と為すの規定を設くるに至らざりしは 事情やむを得ざるに出たるも、皇族の繁栄に至るに従って帝位に遠隔の数世を経るの後は、降して人臣即華族と為すの制度を立てられざるに於いては、帝位継承上統属を増加し、随て非望の端も之より生ぜざる事を保し難し。且つ帝室有限の財力を以て之を保護し皇室至当の地位を永遠に持続せしめん事を到底望むべからず。随て皇族全体の不利と為るはその原因枚挙に遑あらず。是れ制限の法を定むるは今日の急務たる所以なり。

明治三十一年二月

その後日露戦争でいったんこの動きは中断したが、戦後伊藤博文は、皇室典範の永世皇族制を変更するため、皇室典範増補案を内閣に提出、枢密院（議長山縣有朋）で議論することになった。

八条からなる増補案の第一条は

王は勅旨又は情願に依り家名を賜ひ華族に列せしむることあるべし

この枢密院会議（二月五日）には二九名の枢密顧問官のうち、なんと皇族議員五名は全員、内閣総理大臣西園寺公望、内務大臣原敬はじめ十五名も欠席する異常な事態であった。しかし、原案は全会一致で可決され、二月十一日に制定された。明治二十二年の皇室典範制定時には、明治天皇は永世皇族制を堅持したが、なぜ明治四十年には、その廃止とも言うべき、この増補案に賛成したのだろうか。それは皇統断絶の危惧が著しく減少したからである。明治三十四年に後の昭和天皇、三十五年に秩父宮、三十八年に高松宮と、元気な皇男孫が三人も立て続けに生誕。まさに焦眉を開いたのである。

ここに増大する皇族数に歯止めがかけられたかに見えたが、さにあらず。問題はさらに長引いたのである。

皇族が自分から「情願（請願）に依りて」降下を申し出ることが、全くなかったのである。これではなんのために「増補」したのか意味がない。その後、伊藤博文の遺志を継いで、山縣有朋等らが中心となって、紆余曲折はあったものの、情願ではなく、勅命により臣籍降下する旨の「皇族の降下に関する内規施行準則」が枢密院（議長山縣有朋）に提出され、可決された。

皇玄孫の子孫たる王、明治四十年二月十一日勅定の皇室典範増補第一条（中略）の規定に依り情願を為さざるときは、長子孫の系統四世以内を除くの外、勅旨に依り家名を賜ひ華族に列す。

大正九年三月十七日

枢密院を通過したこの準則は、皇族会議に提出されるが一波乱あった。この準則は五世以下の皇族はすべて臣籍降下するものとした、皇族にとっては厳しいものであった。賛成するはずもない。

しかし、枢密院で可決されたのに、皇族会議でひっくり返すわけにもいかない。困り果てた波多野敬直宮内大臣は一計を案じ、採決を取らないことにして、皇族会議を招集した。ときに大正九年五月十五日午前十時十五分、宮中東溜間。この皇族会議に於いて、原案への異論が百出したのである。しかし、採決を取らないことになっていたので、原案はこの皇族会議を通過した。出席していた総理大臣原敬は日記に「是にて甚だ面倒なりし皇族降下令準則決定せられたり」と苦々しく書いている。

ところが、この直後に波乱があったのである。会議のあと、天皇の賜餐（しさん）に、会議に参加した皇族十二名中なんと九名が欠席したのである。まさにボイコットである。

以下、皇族会議の出席者である。〇印が賜餐にも出席した皇族である。

〇皇太子裕仁親王

伏見宮貞愛親王
閑院宮戴仁親王
東伏見宮依仁親王
伏見宮博恭王
伏見宮博義王
○山階宮武彦王
賀陽宮恒憲王
久邇宮邦彦王
梨本宮守正王
○朝香宮鳩彦王
北白川宮成久王

枢密院議長山縣有朋
内大臣松方正義
総理大臣原敬
宮内大臣波多野敬直
大審院長横田国臣

まさにクーデタともいうべき大椿事に山縣有朋は激怒して、「皇族会議の結果は必ずしも聖意に合ふものに非ざるべしと思惟す。これ臣等が盡力の足らざる所にして、恐懼に堪へず」と待罪書なるものを元老松方正義、西園寺公望と連名で天皇に提出した。今でいう「進退伺」のようなものだろう。もちろん天皇はお受け取りにならなかったので事なき得たが。

当時、大正天皇病弱に乗じて、天皇を侮るような言動が、皇族の間にあったそうである。東久邇宮稔彦親王などは、子供の頃に大正天皇をいじめたことを得々と語るなど、下克上の振る舞いが散見されたという。昭和に入り、軍隊に下克上の風潮が瀰漫した。私はそういった風潮の原点に、宮中での大正天皇軽視の雰囲気が、あったのではないかと推察する。この賜餐ボイコットも、もし明治天皇だったらあり得ただろうか。皇太子裕仁親王は時に十九歳、空の皿や器がずらりと並ぶ異様な光景に衝撃を受けたのではないだろうか。

史書を繙くと、昭和天皇は戦前、皇族にあまり良い印象を持っていなかったのではないか、と感じることがままある。この賜餐ボイコットは、その大きな原因の一つになったのではないだろうか。

いずれにせよ、この準則が奏功したのか、皇族は続々と臣籍降下していったのである。

大正九年　山階宮芳麿王→山階侯爵
十二年　久邇宮邦久王→久邇侯爵
十五年　伏見宮博信王→華頂侯爵

昭和三年　山階宮藤麿王→筑波侯爵
　　三年　山階宮萩麿王→鹿島伯爵
　　四年　山階宮茂麿王→葛城伯爵
　　六年　久邇宮邦英王→東伏見伯爵
　十一年　朝香宮正彦王→音羽侯爵
　十一年　伏見宮博英王→伏見伯爵
　十五年　東久邇宮彰常王→粟田侯爵
　十七年　久邇宮家彦王→宇治伯爵
　十八年　久邇宮徳彦王→龍田伯爵

これを見てわかる通り、降下しても伯爵までであり、子爵男爵までは降りてはいない。しかも、降下時に百万円という巨額な一時金が支給された。皇女が結婚する際の一時金は、相手が皇族であれば八万円、華族であれば四万五千円である。百万円がどれほど巨額であったか、想像していただきたい。

このような経緯があって、戦後を迎えるのである。

第十二節　戦後の臣籍降下

臣籍降下というと昭和二十二年の十一宮家の降下のみが有名であるが、前述の通り、それまでにも皇族は何人も臣籍降下してきたのであり、お家断絶（絶家）した宮家もあった。

明治初年から昭和二十二年まで数えて十八宮家が存在したが、有栖川宮・華頂宮・桂宮・小松宮の各家は後嗣なく絶家となった。有栖川宮御殿跡地は、港区白金の有栖川記念公園になっている。華頂宮御殿跡は港区三田四丁目の亀塚公園にわずかに痕跡をとどめている。小松宮御殿跡地は駿河台の山の上ホテルと明治大学の一部になっている。

昭和二十二年に降下した宮家は次の通りである。

朝香宮　六名
賀陽宮　八名
閑院宮　二名
北白川宮　四名
久邇宮　十名
竹田宮　六名
梨本宮　二名
東久邇宮　七名
東伏見宮　一名
伏見宮　四名

山階宮　一名
合計五十一名である。
この六カ月前に華族制度は廃止されており、全員平民になったのである。
さて、この昭和二十二年の時点でこれだけの宮家がなくなり、皇位継承に不安が生じなかったのだろうか。
この時点で残った男子皇族を見てみよう。
秩父宮雍仁親王　御年　四十五歳
高松宮宣仁親王　四十三歳
三笠宮崇仁親王　三十二歳
皇太子明仁親王　十四歳
正仁親王　十二歳
寛仁親王　一歳
三笠宮崇仁親王は、この後も男子お二人を得ている。つまり、この時点では皇位継承にまず不安はなかったのである。さらに昭和四十年、文仁親王御生誕時の男子皇族の年齢を見てみると、
浩宮徳仁親王　御年五歳
礼宮文仁親王　零歳

寛仁親王　十九歳
宣仁親王（のちの桂宮）　十七歳
憲仁親王（のちの高円宮）　十一歳

皇位継承に些かの不安もなかったのである。

昭和四十年代は高度成長のまっただ中である。経済史上、いや人類史上希に見る良い時代だった。余談だがこの時代を忘れられず、政治家に当時と同じくらいの豊かさを求めるのは、酷というものだ。

しかし、皇室においても、この四十年代は黄金時代だったのではないだろうか。

皇位継承に些かの不安もない。天皇も皇太子も理想的なご存在であり、ほぼ全国民の憧れの的であった。皇族の数も多過ぎず、財政を圧迫することはなかった。しかも皇族のスキャンダルもなかった。寛仁親王の皇籍離脱発言があった程度で、これも戦前の皇族の奔放不羈(ふき)なお振る舞いに比すれば、可愛いものである。昭和四十年代は大内山も下界も、まさに天下太平鼓腹撃壌の世だったのである。

好事、魔多し。その後の皇族の御生誕を見てみよう。

昭和四十四年　清子内親王
五十六年　彬子女王
五十八年　瑤子女王

六十一年　承子女王
六十三年　典子女王
平成二年　絢子女王
三年　眞子内親王
六年　佳子内親王
十三年　愛子内親王

見事に姫宮が続いたのである。

そして十八年　悠仁親王御降誕。まさに神風であった。万歳。

一方、臣籍降下後の旧宮家に目を転じよう。

現在、すでに左の旧宮家五家には男系男子はいない。

賀陽宮家邦壽（王）。昭和六十一年に歿。嗣子なく絶家。御殿の跡地は千鳥ヶ淵戦没者墓苑となっている。

山階宮家武彦（王）。昭和六十二年に歿。嗣子なく絶家。御殿は千代田区富士見一丁目衆議院議員九段宿舎だったが、現在は「ふじみこども広場」になっている。

梨本宮家守正（王）。昭和五十一年に歿。女児のみ。養子が家を継いでいる。御殿は現渋谷区渋谷一丁目のほぼ全域であったが、現在は美竹公園にその一部が残っているに過ぎない。

閑院宮家春仁（王）。昭和六十三年に歿。嗣子なく絶家。永田町にあった御殿は現在衆参両院議長公邸になっている。
東伏見宮依仁親王、一世目であったが大正十一年に薨去しており、親王妃周子、昭和三十年歿。嗣子なく絶家。御殿は現在常陸宮御殿となっている。
現存している六つの旧宮家に目を転じよう。
久邇家　邦昭（王）、昭和四年生まれ、四世目であり久邇宮家最後の王である。子息二人（朝尊氏昭和三十四年生まれ。邦晴氏三十六年生まれ）いるが五世目以降のため、旧皇室典範の大正十年準則によれば臣籍降下。御殿跡地は一部聖心女子大になっている。
北白川家　道久（王）、昭和十二年生まれ、四世目。北白川宮家最後の王であった。女児三人のみ。御殿跡地は新高輪プリンスホテルになっている。
朝香家　孚彦（王）、平成六年八十二歳で歿。誠彦（王）昭和十八年生まれ四世目。その子息明彦氏は五世目。御殿は東京都庭園美術館として現存。
竹田家　恒正（王）、昭和十五年生まれ、四世目。子息（五世目）多数あるも準則によれば臣籍。御殿は高輪プリンスホテル貴賓館として現存。
東久邇家　信彦（王）、昭和二十年生まれ、四世目。子息（五世目）征彦氏、征彦氏に子息あり。御殿跡地はホテルパシフィック東京になり、現在は商業施設品川グース。
伏見家　博明（王）、昭和七年生まれ、四世目。女児三人。御殿跡地はホテルニューオータニ。
以上の通り久邇家・東久邇家・竹田家・朝香家に男系男子がいらっしゃる。

この四家を皇籍に復帰しないと、いずれ皇族は一人もいなくなってしまう。「何としても旧宮家復帰だ」という保守業界の世論は強い。この問題については次章であらためて論ずる。

第三章　皇籍復帰

第一節　英国王室の例にみる王朝交代

我が国は神武肇国以来二千六百七十八年、百二十五代七十二世にわたり、男系男子で皇統を繋いできた。万世一系であり、まさに人類史の奇蹟である。もし、ここにきて女系天皇に変わってしまったらどうなるだろうか。英国王室はしばしば皇室と比較されるので、参考までに英国王室の前例を見てみよう。

イングランド王朝はキリスト暦で八〇〇年代の中頃成立したとされている。日本では平安時代、嵯峨天皇や空海の時代である。しかし、イングランド王朝はチュダー王朝だのスチュアート王朝だの、ハノーヴァー王朝だの、さまざまに王朝が交代している。ハノーヴァー王朝のヴィクトリア女王の夫は、ドイツのザクセン・コーブルグ・ゴータ公だったので、その息子エドワード七世が即位し、ゴータ朝（後にウィンザー朝と改名）の開祖となった。明治三十四年（一九〇一）、昭和天皇ご生誕の年のことである。

エドワード七世の息子はジョージ五世、その息子の長女が現在のエリザベス女王である。女王も宝算数えて九十一歳、崩御されたらチャールズ王太子が王位を継ぐ（皇太子ではない。皇太子は、世界で我が皇朝の徳仁親王殿下、ただお一人である）。王太子の父親フィリップ殿下は、元ギリシャの王族であり、チャールズ王太子はウィンザー朝の男系男子ではなく、女系男子である。したがって、チャールズは母親のウィンザー朝を継承できず、フィリップ公の実家の姓であるマウントバッテンを新たに名乗ることになる。つまり、エリザベス女王のウィンザー朝は滅び、マウントバッテン朝がはじまるのである。

この英国王室を日本に当て嵌めてみよう。明治三十四年に明治天皇の内親王がカウアイ王朝の王子と結婚し、生まれた男児が皇位を継ぎ、カメハメハ大正天皇となってカウアイ朝日本となる。その女児が皇位を継いで昭和リリウオカラニ女帝となり、さらに戦後すぐに、女帝が李朝の王子と結婚し、その男児が皇位を継いで李平成天皇となり、李朝日本となるようなものである。こんな話を尊皇愛国家が聞いたら激怒するであろう。しかし、これが英国王室なのである。英国王室は日本人にとっては、ちっともありがたくない、想像を絶する珍妙な王朝なのである。

昨今喧しい「女性宮家」は、日本がこの英国の、紊乱とも言えるような王朝になってしまう危険を孕んでいる。たとえば、現在の姫宮さま方が平民（日本人とは限らない、日本人であっても父か父方の祖父曾祖父が外国人かも）と結婚し、女性宮家を立てるとする。すると、その男子某親王が皇族となり、皇位継承権を得ることになる。将来、悠仁親王家に男子がお生まれにならなかったら、某親王が皇位を継いで天皇になり、新しい王朝が開かれ、そして同時に万世一系の皇朝は滅ぶのである。

このような事態にならないようするには、今から伏見宮系統の宮家（昭和二十二年に臣籍降下した十一宮家の内男系男子のいる四宮家）のいずれか適当な男性を撰ぶしかない。そして、この男性を当主とする新宮家を立て、悠仁親王家に男子が生まれないときに備えるしかない。どうしても「女性宮家制度」を立法するのであれば「配偶者は旧宮家の男系男子、つまり神武天皇の血統を継いでいるお方に限定する」という付帯条項を絶対につけなければならない。以上が私の理想であり、我が保守業界の大半の意見だと思う。しかし、まさに理想であり、実現となるとどうだろうか。私は残念ながら実現可能性は、確率では一万分の一だと思う。実現には乗り越えなければならない障壁が、あまりに大きくあまりに多いからである。

第二節　皇籍復帰への障壁

障壁の第一は世論である。平成二十九年五月の、共同通信の世論調査を見よう。旧宮家復活に賛成は二十二％、反対は七十二％である。ほぼ同時期の朝日新聞の調査では賛成二十％反対六十七％となっている。ついでだが女系天皇・女性天皇共に賛成は五十九％、女性天皇のみ賛成女系天皇反対は二十七％であり、女系女性両方反対は九％である。共同通信と朝日の偏向度合を考慮にいれても、これは圧倒的である。

十年ほど前、新年一般参賀時に、「女系天皇反対女性宮家反対」のチラシを、参賀の行列の善男善女に数千枚配布したことがある。その時驚愕したのは、その善男善女の中にチラシを見て「あんた何言ってんの！　男女共同参画の時代でしょ！　愛子さまが天皇になってどこが悪いの！」といった罵声を浴びせてくる人が、大勢いたのである。

さて、これほどの世論の大差を乗り越えてまで、旧宮家を復帰させようとしたら、内閣は大変なことになる。もちろん野党やマスコミは、それこそ安保法制の何倍ものエネルギーで反対してくるであろう。メディアはせっかく今一歩で女系女性宮家ができそうな所まで来たのに、旧皇族で男系が復帰したら元の木阿弥である。それこそ死力を尽くして阻止するだろう。内閣の三つや四つは吹っ飛んでしまうに違いない。これは決して悲観的な予想ではない。憲政史上最長になんなんとする安倍内閣。戦後最も改憲に熱心な安倍総理。しかも安倍一強と言われるほどの政権基盤を持つ、まさに戦後最強の改憲政権といって良い。しかし、この安倍内閣をもってしても、九条の第二項だの第三項だの言っている。余談だが私はよくこの九条二項三項で質問されるが、私の答えは決まっている。「憲法は三百年、一行一句変わらない。そもそも靖國神社参拝すらできない政権に、憲法改正などできるわけがない」。

本題に戻る。宮家復帰へのこれだけの反対を押し切って、内閣の命運をかけて、いったい誰が火中の栗を拾うのか。法案を考える第一前提の俎上にすら乗るわけがない。

第二の障壁は憲法第十四条である。

日本国憲法第十四条
１「すべて国民は、法の下に平等であって、人種、信条、性別、社会的身分又は門地により、政治的、経済的又は社会的関係において、差別されない」。

２「華族その他の貴族の制度は、これを認めない」。

これをクリアしなくてはならない。日本国憲法下で生まれた平民をいきなり皇族に戻す。いや、戻すのではない。皇族だった方はほとんどすべて他界してしまっている。現存する方はその子孫であり一度も皇族だったことがない方、言い換えれば生まれながらの平民である。

第三の障壁は、その血統があまりに遠いことである。歴史上最も血統の遠い（離れている）皇位継承でも、せいぜい十親等である。もし、現在の皇統を旧宮家の伏見宮系統が嗣ぐとなると、三十数親等離れた継承になるという。そこまでを親戚血縁というのは、国民の理解が得られないのではないだろうか。

ところで、今私の手元に発信者不明の文章がある。

東久邇信彦氏（昭和二〇年生まれ、日本アマチュア野球協会名誉会長）は、母君が昭和天皇皇后両陛下の成子内親王で、昭和天皇皇后両陛下の初孫にあたりますので、民間から嫁がれた美智子皇后陛下と今上陛下の御子様の皇太子殿下より、天皇陛下の「血が濃い」ことは、解りやすく説明すれば「小学生」にも理解できるのです。

どなたが書いたのかわからない。保守系の集会で配布されたものであろう。東久邇信彦氏はたしかに昭和二十年三月十日の東京大空襲のさなか、宮家の防空壕でお生まれなった。父君は東久邇宮盛厚王、その父君は東久邇宮稔彦王、その父君は久邇宮朝彦親王、その父君は伏見宮邦家親王、そして邦家親王から十九代遡るとやっと崇光天皇にたどり着く。七百年近く前である。天皇の血が東久邇信彦氏の方が、皇太子徳仁親王より濃いというのは、小学生にも及ばない私の知能では理解できない。たしかに信彦氏の母君は昭和天皇の皇女である。しかし、その「血」は女系のものであり、それは「眞子内親王殿下と民間人との間に生まれる男子は天皇の血は濃い」と言うのと同じことではないのか。

さらに、明治以降でも降嫁した皇女王女は三十九人を数える。高円宮家の皇次女典子女王が、出雲大社の千家家に降嫁されたことが記憶に新しい。この三十九人の中には男子を産んだ方が多数いることだろう。しかし、その男子の血統はすべて女系のものであり、皇位継承にはなんの関係もない。平成二十九年末、保守系の集会のあとの居酒屋の喧騒の中で、誰かが「皇太子より天皇の血が濃い人が三人もいる」と叫んでいたが、この「怪文書」を見ての発言だったのだろうか。あまりに当たり前なので繰り返したくもないが、あえて言うと、現天皇の血が最も濃い皇子のうち、最初に生まれた皇子が皇太子になるのである。

また、男系ではあっても、復活の対象とすべきなのは、この昭和二十二年に臣籍降下した十一宮家の内、男系男子のいる四宮家までである。たとえば皇別摂家まで入れると、相当な数になり、収拾がつかなくなる。細川護熙元首相まで入ってきかねない。皇別摂家とは摂家（摂政を出すことが出来る最高位の貴族。五家ある）のうち皇室から養子がきた三家、近衛・鷹司・

一条家のことである。

第四の障壁は、旧皇室典範である。現皇室典範も現憲法も、占領下の産物であり無効である、との議論もあることは承知している。私もそう思う。しかし無効であれば、その前の旧皇室典範も大日本帝国憲法と同様復旧しなければならない。

復旧すると「皇族の降下に関する内規施行準則」の第一条も復旧してくることになる。

皇玄孫の子孫たる王、明治四十年二月十一日勅定の皇室典範増補第一条（中略）の規定に依り情願を為さざるときは、長子孫の系統四世以内を除くの外、勅旨に依り家名を賜ひ華族に列す。

大正九年三月十七日

この準則を復活すると、同時に旧宮家四家、久邇家・東久邇家・竹田家・朝香家に現存する男系男子は全員五世以降なので、皇籍復帰と同時に臣籍降下しなくてはならなくなる。つまり、この準則も廃止しなければならなくなる。亡き枢密院も皇族会議も復活し（現在の皇室会議は似て非なるもの）議論しなければならなくなる。

第五の障壁は同じく、旧皇室典範である。明治四十年の増補の第一条

王は勅旨又は情願に依り家名を賜ひ華族に列せしむることあるべし

これも遡って廃止しなくてはならない。

ここまでお読みいただければ、宮家復活がどれほど困難を伴うか、おわかりいただけると思う。

さらに続ける、大内山（皇居の美称）から下界に降りてきて、俗塵に塗れてしまった旧皇族に対し、再び皇族として崇敬の念を持つことができるだろうか。まして、平民として生まれてこの方、ずっと俗世界に生きてこられた人である。いくら皇室の血統とはいえ、尊崇の念を持つのは難しい。三保の松原の天女は数年して天に帰ったが、旧皇族は降下して七十年。もし万一復帰することになれば、週刊誌テレビ等もともと復帰に反対の連中が寄ってたかって、この七十年間の行状を虚実ない交ぜにして報道攻勢をかけ、権威を失墜させることだろう。平成二十九年にモリカケ騒動というのがあった。この空騒ぎで、内閣支持率が大きく下がったことは記憶に新しい。

ここで私の経験を語る。平成十九年八月、武道館での戦没者慰霊祭に参席した。二階席から壇上の両陛下を見下ろすことになったが、式典終了後、妙な感覚に襲われた。一時間も両陛下を見下ろしていたら、尊皇心が僅かだが減少してしまったのである。わたしは覚った。昔の人が、陛下を見下ろしてはいけない、お召し列車を鉄橋の上から見下ろしてはいけないと言っていた。それはやり過ぎではなく、正しいことだったのだ。皇太子殿下敬宮殿下が学習院の関係交響楽団で弦楽器を演奏される。私は観に行かない。長時間、壇上で演奏される殿下の、要は観客にサービスするお姿を、客席から見下ろすと、尊皇心が減少してしまうはずである。親しみが湧くということは、尊皇心が減るということである。

読者からは、「お前の尊皇心はそんなものか。そんなことで、わしの尊皇心は些かも揺るがないぞ」と叱られるかもしれない。しかたがないが事実なのである。皇族の子孫であるといっても、我々と同じように俗世間で必死に生きてきた人を、復帰したからといって、すぐに尊崇の念をいだくのは難しい。

旧皇室典範増補（明治四十年）第六条

皇族の臣籍に入りたる者は皇族に復することを得ず

とある、侯爵伯爵に降りた皇族は復帰してはいけないということである。

戦前庶民から見れば侯爵伯爵など雲上人であり、縁がなかった。俗塵にまみれてなどいなかった。こういった貴人でさえ、皇族に復帰してはならないのに、失礼ながら、お爺さんが七十年前に皇族だったが、生まれついての平民が羽衣を着て天に昇る。やはり無理がある。

さて、打開策として、現在の姫宮六方（敬宮殿下・佳子内親王・三笠宮家の姫宮様四方）が旧皇族の男系男子を養子にとるという方法を主張する人もいる。たしかに名案かも知れない。そうすれば女性宮家をつくっても当主は旧皇族男系男子であり、旧宮家復活と実質変わらない。この方法が一番良いと私も思う。しかし、そこにいたるも大変な困難が待ち構えている。

たとえば、敬宮愛子内親王が平民Aと結婚し（つまり養子縁組）女性宮家を立て、男児が生まれるとする。不敬千万であるが、便宜上「甲仁親王」としよう。三笠宮家の次女瑶子女王が平民Bと結婚する。この平民Bは実は父方が伏見宮系の宮家出身とする。男児が生まれて「乙仁王」となる。さて、甲乙どちらが皇位継承権で上位になるのだろうか。さらに男性が二人とも伏見宮系の男系男子だったとしたら、どちらの血統が天皇から近いのか遠いのか、庶民にはわからない。壬申の乱、保元平治の乱が再来しかねない。

旧皇室典範第四十三条に、

皇族は養子を為すことを得ず

とある。この条文は、嗣子なき宮家が養子をとって、延命を図ろうとすることを阻止する意味もあった。前述したが明治十八年、華頂宮博厚王が嗣子なく薨去したため、お家断絶するはずが、伏見宮家より養子愛賢王を迎えて、華頂宮家は存続してしまうということがあったからである。

しかし皇室典範義解を見よう。

本条は独り異姓に於けるのみならず、皇族互いに男女の養子を為すことを禁ずるは宗系紊乱の門を塞ぐなり。

養子が複数いた場合、どちらが皇位継承権が上位なのか、まさに紊乱してしまうのである。

第三節　男子が得られる確信

再度言うが私の理想はあくまで旧宮家の復活である。しかし現実の問題点を列記したのである。

では、復活も駄目、養子も駄目となれば、いったいどうしたらよいのか。私は不可能なこと、非現実的なことに議論を費やすのは無益だと思う。現行憲法は改正か無効宣言かで、保守業界では議論沸騰しているようだが、議論する必要はない。ニュートンの万有引力の法則や、ダーウィンの進化論と同じく、日本国憲法には「一行一句三百年変わらない」という法則があるのだから。それと同じで復活も養子も議論しても仕方がない。

ではどうすれば良いのか。

姫宮さまが恋愛して夫君になられる方が、もし男系男子の血を持っている方であったら（私はそうなることを夢見ているが）その時に宮家復活を考え議論すればよいのである。そうなることを、ひたすら祈るしかない。もしその祈りが通じなくても、絶望することはない。

二十年後悠仁親王御年三十歳、妃殿下に玉のような皇子が降誕されるだろう。三十年後御年四十歳の時までに、皇子が得られなくても、こんにち生殖医療は日進月歩いや秒進分歩だという。出番である。いや、そこまでいく前に、皇子が得られると私は確信している。

秋篠宮妃の悠仁親王御懐妊が発表された時、そして御降誕の時、私は手の舞い足の踏むところ知らずという状態であった。神風が吹いたのである。二十年後、国体護持の鬼となって南冥に眠る三百万英霊の願い、一億臣民の祈りが叶って、必ず皇子が得られるだろう。それまではなんとしても生き永らえて、この目で確と皇室の安泰を見とどけ、あの世の先達に報告したいと思っている。

第四章　御譲位に思う

第一節　明治の先哲はいかに

平成二十九年の通常国会で特別措置法として御譲位が正式に決まった。本章では御譲位問題を論じることとしたい。やまと新聞に連載した拙文を、ここに再掲させていただく。

さて、本題に入る前に一言読者に了解を得たい。明治二十二年二月に発布された帝国憲法と皇室典範の各々に、丁寧な解説書が編纂されている、同年四月上梓された伊藤博文著『大日本帝国憲法義解』と『皇室典範義解』である。

『皇室典範義解』の前文に曰く、（義解は新漢字及びひらがなに改め句読点を追加した）

皇室の家法は祖宗に承け子孫に伝ふ。既に君主の専意に制作する処に非ず、亦、臣民の敢えて干渉する所なりと謂はん乎。

つまり、この典範を君主（天皇）と雖も任意に改編してはならない。さらに、臣民は「干渉」してはならないということである。現在、有識者やコメンテーターなる軽佻浮薄な輩が、ろくに典範も知らずに喋々喃々と「干渉」している。嘆かわしい限りであるが、そこに私も無学を顧みず参入しようとしている。汗顔の至りである。しかし、あの八月八日の「おことば」の末尾に「ここに私の気持ちをお話しいたしました。国民の理解を得られることを、切に願っています」とあるので、私も国民の一人としてあえて「干渉」させていただく。読者も諒とされたい。

さて本題に入ろう。ここでは、明治の先哲がこの騒動を見たらなんと言うか、という視点で論じたい。

皇室典範は明治十七年から伊藤博文、井上毅、柳原前光を中心に伊東巳代治、金子堅太郎、牧野伸顕など錚々たる碩学を中心に、五年以上議論し制定された。とくに井上毅は、明治時代いや近世最高の知性を以て、古今の文献を熟読し尽くし、憲法と典範制定の中心人物となり、大日本帝国の基盤を作ったと言っても過言ではない。

皇室典範の上諭（発布の勅語）に、

（前略）今ノ時ニ当リ、宜シク遺訓ヲ明徴ニシ、皇家ノ成典ヲ制立シ、以テ丕基ヲ永遠ニ鞏固ニスベシ。茲ニ枢密顧問ノ諮詢ヲ経、皇室典範ヲ裁定シ、朕ガ後嗣及子孫ヲシテ遵守スル所アラシム。明治二十二年二月十一日　御名御璽

とある。つまり、明治天皇御自らが、この典範を遵守する、さらに子々孫々まで遵守すべし、と述べられている。今回、譲位騒動で典範改訂となるのであれば（次節で述べるが改訂しないと譲位できないはず）、明治、大正、昭和三代の天皇が百三十年にわたり遵守してきた典範を覆

すことになる。本来ならば錚々たる先哲と、同程度の知性を備えた碩学が、何年も鳩首して侃諤の議論を重ねなければならないはずである。

続いて典範本文に入ろう。

第一条　大日本国皇位ハ祖宗ノ皇統ニシテ男系ノ男子之ヲ継承ス

義解に曰く（一部抜粋）

天智天皇の言に曰く「天ニ双日無ク、国ニ二王無シ」と。故に、後深草天皇以来数世の間、両統互に代り、終に南北二朝あるを致ししは、皇家の変運にして、祖宗典憲の存ずる所に非ざるなり。

今回天皇が退位されたら太上天皇（上皇）になられる。天皇がお二人になり、「天ニ双日、国に二王」となってしまう。

さらに典範を見よう

第十条　天皇崩ズルトキハ皇嗣即チ践祚シ祖宗ノ神器ヲ承ク

この項は、皇位は崩御の時だけに継承される、と述べているのである。義解に曰く。

（前略）神武天皇より舒明天皇に至る迄三十四世、嘗て譲位の事あらず。譲位の例の皇極天皇に始まりしは、蓋し女帝仮摂より来る者なり。（中略）聖武天皇・光仁天皇に至りて遂に定例を為せり。此を世変の一とす。其の後権臣の強迫に因り両統互立を例とするの事あるに至る。而して南北朝の乱亦此に遠因せり。本条に践祚を以て先帝崩御の後に即ち行はるる者と定めたるは、上代の恒典に因り中古以来譲位の慣例を改むるものなり。

皇位継承は先帝崩御しかない、あってはならない。譲位は世変の一（歴史上最悪の変事）であり、万世一系であるべき皇統が分裂した、南北朝の悪夢の遠因であった、と述べている。譲位して国に二王が生ずることを、ここでも厳しく戒めているのである。

文化十四年（一八一七）ちょうど二百年前、光格天皇が仁孝天皇に譲位され、その後は譲位がなかった。とくにこの百三十年は、典範により厳しく戒められてきたのである。それでも譲位しようとするならば、有識者などではなく、明治天皇はじめ先哲の意見を徴していただきたいものである。

第二節　大日本帝国憲法ではいかに

明治の先哲がこの「譲位」騒動を見たらなんと言うか。前節では旧皇室典範（明治二十二年）とその義解を切り口に論じてみたが、本節では大日本帝国憲法とその義解を切り口に見てみよう。まず帝国憲法の前文ともいえる上諭に、

朕及ビ朕ガ子孫ハ将来此ノ憲法ノ条章ニ循ヒ之ヲ行フコトヲ愆（あやま）ラザルベシ

とある。つまり天皇の子々孫々にいたるまで、この憲法を遵守すべし、と述べている。

義解には、

将来若し此の憲法の或る条章を改訂するの必要なる時宜を見るに至らば、朕及び朕が継統の子孫は、発議の権を執り、之を議会に附し、議会は此の憲法の定めたる要件に依り、之を議決するの外、朕が子孫及び臣民は敢えて之が紛更を試みることを得ざるべし。

憲法を改正する時、天皇たるもの子々孫々まで議会に従うべし、と記している。つまり、天皇は徹頭徹尾、議会と憲法をその上に戴くことを、内外に闡明しているのである。大日本

帝国は天皇主権天皇統治の国ではなく、憲法を最高の権力の源泉とする、立憲主義に基づく立憲君主国であったことは、これだけでも明らかである。

条文を見てみよう。

第四条　天皇ハ国ノ元首ニシテ統治権ヲ総覧シ此ノ憲法ノ条規ニ依リ之ヲ行フ

第五条　天皇ハ帝国議会ノ協賛ヲ以テ立法権ヲ行フ

要は天皇は帝国議会の協賛がなければ、立法を行えないのである。

ところが、今回の「おことば」により、政府は初めて腰をあげて特別立法や皇室典範の改正（法律改正）に動いている。天皇が法律を作ろう、作らせようとしているのである。現行憲法のみならず明らかに大日本帝国憲法にも違反している。

さて、現行憲法を見てみよう。

第七条　天皇は、内閣の助言と承認により、国民のために、左の国事に関する行為を行ふ。

1　憲法改正、法律、政令及び条約を公布すること。

2　国会を召集すること。

3　衆議院を解散すること。

4　国会議員の総選挙の施行を公示すること。
5　国務大臣及び法律の定めるその他の官吏の任免並びに全権委任状及び大使及び公使の信任状を認証すること。
6　大赦、特赦、減刑、刑の執行の免除及び復権を認証すること。
7　栄典を授与すること。
8　批准書及び法律の定めるその他の外交文書を認証すること。
9　外国の大使及び公使を接受すること。
10　儀式を行ふこと。

当たり前だが天皇が立法権を有しているなどとはどこにも書いてない。現行憲法に於いても、天皇に立法権はない。繰り返すが、大日本帝国も日本国も立憲君主国なのであり、ロシアのロマノフ王朝や北朝鮮のような独裁国家ではない。しかし今般、天皇の個人的な意見で法律ができてしまう。不思議でならない。

明治二十二年以来百年にわたって、三代の天皇が固く守って矩を越えなかった憲法が、今いとも簡単に無視されようとしている。「何ヲ以テカ皇祖皇宗ノ神靈ニ謝セムヤ」(終戦の詔書より抜粋)。

私はこの目で見たが「反天皇制運動連絡会」はじめ過激な左翼活動家は、「おことば」の直後に、ここぞとばかりプラカードに「生前退位は憲法違反」を掲げてデモ行進し、叫んでいる。それに対し我々は反論できない。なぜなら奴らの言う通り憲法違反だからである。

　さらに「御譲位」が実現すれば、奴らが「この憲法違反の特別立法（または皇室典範改正）によって、新設された『太上天皇』も『新天皇』も憲法違反である」と叫ぶのは火を見るより瞭かである。そして奴らの言う通りなのであり、誰も反論できない。現在、御譲位に賛成している社民党共産党民進党も、実現するや手のひらを返して「新天皇の即位には憲法上の疑義がある」と誹りはじめることは間違いない。


（初出：「やまと新聞」平成二十九年一月号）

第三節　承詔必謹？

この譲位問題について、自民党内では「譲位を恒久的なものとして皇室典範に定めるべきである」と主張する者（石破茂など）もいれば、「将来内乱がないという保障はどこにもない」と猛反対する若手議員もいる。百家争鳴といった状態である。

　私が悲しいのは、我が業界（愛国陣営）で活躍されている尊皇家愛国者の中に、「御譲位、良いのではないか。おいたわしい」と、マスコミのアンケートに答える愚民と、同じようなことを言う知識人が、大勢いることである。尊敬私淑する大先輩に対して非礼の極みだが、あえて何人かのご意見をとりあげさせていただく。まず西日本在住の愛国陣営の重鎮Ａ氏はかく語る。

「あるじが『疲れた、隠居したい』と言っているのに、家来どもが寄り集まり、あるじの隠居を認める、認めないなどと騒ぐのは間違っていないか。わが皇室と国民は二千年前から君民一体、それが我が国の国是だ。今どきの『憲法』などの出る幕ではない。最近はこんな基本的なことすら弁えない下人が多すぎて困る。四の五の言わず、早くご譲位の道筋をつけろ。それが家来の務めではないか」。

こういうご意見は愛国陣営に実に多い。黄門様の葵の印籠のように「陛下の御意向に逆らうのか！　承詔必謹せよ！」と一喝されると、私のような下人は返す言葉もない。こういう方々を取りあえず「承詔必謹派」と呼ぼう。たしかに聖徳太子の十七条憲法の第三条に「詔(みことのり)を承けては必ず謹め」とある。しかし八月八日のあの「おことば」は果たして詔書なのだろうか。

詔または詔書とは、いうまでもなく枢密院（内閣を包含する）で議論し、場合によっては御前会議や最高戦争指導者会議でさらに議論を盡し、陛下の裁決を仰ぎ、ときに一流の漢学者の推敲を経て、練りに練って御名御璽をいただき、各大臣副署するものである。議論して議論して、これ以上の結論は出ない所まで議論された国家意思が、最も厳粛な形式を経て国民に知らされる、これが詔書である。

だからこそ「陸海将兵ハ全力ヲ奮テ交戦ニ従事」し、国民は「各々ソノ本分ヲ盡シ億兆一心國家ノ総力ヲ挙ゲテ征戦ノ目的ヲ達成」せんとしたのである（開戦の詔書）。そして「確ク神州ノ不滅ヲ信ジ任重クシテ道遠キヲ念ヒ、總力ヲ將來ノ建設ニ傾ケ、道義ヲ篤クシ、志操ヲ鞏クシ、誓テ國體ノ精華ヲ發揚シ、世界ノ進運ニ後レザラムコトヲ期スベシ。爾臣民其レ克ク朕ガ意ヲ體セヨ」の詔書に従い、涙を呑んで武装解除に応じ、虜囚の辱めを甘受したのである。現在に於いても、衆議院解散の詔書が読み上げられたその瞬間、すべての議員は失職する。

翻って、今回の「おことば」を見てみよう。リークを受けてＮＨＫは七月十三日に報道したが、宮内庁長官も官房長官もしばらくは「そんなこと知らぬ。承知していない」と言っている。八月八日以降、宮内庁長官は辞任し、有識者会議は賛否両論、国会議員も前述のように百論噴出している状態である。はたしてこの「おことば」は「詔書」と言えるのだろうか。国民は拳々服膺し、恐懼平伏して従わねばならないのだろうか。

しかも、「おことば」の中で、陛下自らが「私が個人として、これまでに考えて来たことを話したいと思います」とおっしゃっている。天皇が個人なのか公人なのか、これはこれで一章割くべき大問題であり、別の機会に譲るが（余談だが八月八日に、私と並んで、テレビで「おことば」を拝していた荊妻が「えーっ！　いつから天皇は個人になったの？」と絶叫した）、承詔必謹派の方々は「この『個人としてのおことば』を必謹せよ」と言い続けるのだろうか。百歩下がってA氏の言う「今どきの憲法」は現行憲法を意味し、そんなもの無効だとおっしゃるのなら（私も無効だと思うが）、大日本帝国憲法と旧皇室典範に違反していることについては、どうお考えなのだろうか。前述のように、大日本帝国は天皇主権ではなく国民主権国家であり、帝国は絶対王政ではなく立憲君主国であった。憲法や法律を無視して、なんでも君主の意向通りでは、口にするのもおぞましいが、まるでロマノフ王朝や北朝鮮ではないか。

A氏にもどろう。「皇室と国民は二千年前から君民一体、それが我が国の国是だ」と断定される。その通りである、だからこそ、皇室は国体を揺るがすようなことを、軽々にしてはならないのではないだろうか。歴代の天皇の中には英邁なお方ばかりではなく、「幼冲の天子」もおられ、周囲の名臣忠臣が輔弼し、お諫めしてきたことも、A氏は重々ご存じであろう。この君臣一体の国体こそが日本国体の精華である。「人君は民を養ひて以て祖業を継ぎ賜ひ、臣民は君に忠にして父の志を継ぐ。君臣一体、忠孝一致たるは、唯だ吾が国のみ然りと為す」（吉田松陰先生士規七則）。そして顧みれば「天に二王あり国に二王」（天智天皇）ある時代に、天下は麻の如く乱れ、民は秕政に苦しんだのではないか。「二千年前からの国是」を大切にしたいお気持ちはわかるが、それは居酒屋の中だけの議論にしていただきたいものである。真の諫臣忠臣名臣の出現が切望される。

私は今年も、新年一般参賀にて「天皇陛下万歳」を、喉も裂けよと絶叫した。譲位後は皇居長和殿ベランダにお立ちになられる、太上天皇と今上天皇に対し奉り、万歳を二回絶叫することになるのであろうか。

（初出：「やまと新聞」平成二十九年二月号）

第四節　オン・ザ・ジョッブ・トレーニング？

前節に引き続き、尊敬私淑する大先輩に対して非礼の極みだが、あえて疑問を投げかけたい。本節は東日本在住の愛国陣営のトップ理論家であり、八面六臂のご活躍のB教授にご登場願う。B教授はかく語る。

「陛下は譲位されたあと、天皇として即位される現在の皇太子殿下、すなわち新天皇に対し、父子相伝での指導をされることを切望しておられる筈である。今風の用語でいえば『オン・ザ・ジョッブ・トレーニング』を施したいのです。それによって皇位がもっとスムーズに継承されるのです。そのタイミングは、陛下ご自身がまだ御健康であられる今しかありません」。

今回の大騒動に際し、私は可能な限り多くの知識人の主張を読んだが、このオン・ザ・ジョッブ・トレーニング（以下ＯＪＴ）ほど珍奇で的外れな意見は聞いたことがない。

七世紀の皇極天皇からはじまり光格天皇で終わった譲位。この古い古い制度にＯＪＴなる（最近はあまり聞かぬが）企業内教育手法（職業教育）という、ある意味現代的な用語を当て嵌めたことに、私は驚愕した。繰り返すが「ＯＪＴのために譲位？・」。歴代の上皇で新天皇にＯＪＴなる（またはそれに近い）訓練を施すために譲位されたお方はいたのであろうか。いるわけがない。この史上初めての「壮挙」のために憲法は無視され、国会は揉め、国民はどうなることかとハラハラしなければならないのであろうか。

ＯＪＴのトレーナー（太上天皇）は当然生徒（新天皇）より格は上である。二重権力ならぬ二重権威が生じてしまい、臣民はどちらが一番尊いお方なのかわからなくなり、結局皇室全体の威厳が落ちていくのは必至である。

今上陛下は昭和天皇からＯＪＴを受けていたのだろうか。反語になるようだが受けていたのである。むろん譲位はなかったが、皇太子として実に三十七年間、陛下の一挙一動に注目し、祭祀を共に行い、あらゆる場面で陛下をお近くで注視されてこられたはずである。もちろん、おことばや御製を拳々服膺されてきたことは間違いない。このことには反論があるはずもないだろう。この「ＯＪＴ」で充分だったのではないだろうか。だから践祚のその日から、堂々と天皇の役割を果たされたのではないか。

平成元年一月七日、宮殿松の間での「剣璽渡御（けんじとぎょ）の儀」、九日には三権の長はじめ文武百官に忠誠を誓わせる「朝見の儀」が行われた。そのときの新帝の、緊張と哀しみの中にも毅然堂々たるお振る舞いに、私は深く感動したものである。

そもそも皇位継承者にトレーニングなどというものは必要なのだろうか。あのお姿を拝して、つくづく「血統である、二千七百年続く皇統である」と感動し、テレビに向かって両手を合わせたものである。

Ｂ教授がご心配なさっている現皇太子殿下は、御年二十二歳まで昭和天皇がご存命であり、その後も昭和天皇のおことばや御製をはじめ、さまざまな事跡を学ばれて来られたことは間違いない。そして平成三年二月二十三日の立太子の礼のあと、今上陛下のお近くに学ばれて四半世紀。この長い間の「トレーニング」に加えて、世間をこれほど騒がせてまでも、「ＯＪＴ」なるものが必要なのだろうか。私は平成五年六月九日、東宮殿下ご成婚パレードを、居住地の神戸から夜行バスで上京し拝観した。早朝からの雨も上がり、オープンカーで妃殿下と共に、にこやかにお手を振られる殿下のお顔に、夕陽がキラキラと当たり、まさに日嗣の皇子に相応しい初々しさと威厳を感じとり、心から万歳を叫んだものである。来たるべき剣璽渡御の儀、朝見の儀に於いても先代（今上陛下）同様、満を持して威厳に満ちたお振る舞いをなさることは間違いない。英邁な殿下にＯＪＴとは！　嗚呼。ため息しか出ない……。

さらにＢ教授は続ける。

「私は最初から、有識者会議などの余計なものはつくらず、政府主導で電光石火で決めてしまうべきだと思っていました。なにしろ、国民の九割以上が支持しているのですから、それは安倍内閣の大きな功績となり、内閣支持率はさらに大きくなったことでしょう」。

マスコミの世論調査とは、質問ならぬ誘導尋問である。答える国民も譲位というものがどんな歴史があり、なぜ禁止されたかなどまったく知らない、いわば愚民が九十％いや百％支持しても無意味なのではないか。愚民世論がどれほどいい加減なものであるのか、文科省や日教組と果敢に戦ってこられたB教授ご自身、嫌というほどお感じなはずである。

さらにB教授は進める。

「憲法第四条の『天皇は国政に関する権能を有しない』に抵触し、憲法違反になる、という議論がありますが、これはとんでもない間違いです。天皇の発言であろうと、誰の発言であろうと、正しいものは実行すればいいのです」。

こうなると今上陛下に対する一種の狂信的な信仰である。「B教授はそんな熱烈な天皇崇拝者だったのか⁉」と驚き、返す言葉がない。

さらに「法律の改正が天皇のお考え通りになってはいけない、などという思い込みの根底には、戦後憲法学を支配した宮澤俊義の『天皇＝ロボット』説があるように思います」。ロボットはたしかに失礼千万な言い方である。しかし、天皇は戦前も戦後も憲法の下におかれていることを、B教授はご承知のはず。このB教授のご意見に、反論は聞こえて来ない。私は敬愛してやまないB教授にしてこのご意見かと、ただただ暗澹とするばかりである。

（初出：「やまと新聞」平成二十九年三月号）

第五節　まさかのクーデター

もし今回の八月八日のおことばがなかったら、今どうなっていただろうか。特例法はもちろん、典範改正も誰一人口にしていないはずである。ということは「おことば」そのものが憲法第四条「天皇は、この憲法の定める国事に関する行為のみを行ひ、国政に関する権能を有しない」に抵触し、間違いなく憲法違反であることを如実に物語っている。皇室典範も法律の一種であるから、特例法でも典範改正でも、どちらにせよ明瞭な憲法違反であることにかわりはないのである。

そもそも、なぜ「典範」と称するのか。明治二十二年の制定の時、法律とは臣下を規制掣肘するものであり、皇室に使用するのは畏れ多いとのことで「典範」と称することになったのである（他にも理由はあるが省略）。「典範」という敬称敬語を使いたくない学者は皇室法と呼称する。代表的な例を挙げれば、園部逸夫（元最高裁判事）は自著を『皇室法概論』と称している。ついでだが彼は、平成十六年皇室典範改正の有識者会議で座長代理を務め、女系容認論を小泉内閣に答申している。さらに彼は、今回の譲位の有識者会議によるヒアリング対象者十六人の中に入っており、譲位賛成論を述べている（十年前は否定的だった）。脱線するが彼は平成七年二月に最高裁小法廷で、外国人参政権容認の傍論（判決は参政権を否定）を書いたことでも有名である。

陛下がはじめて譲位を口にされたのは七年前だという。この間陛下の御意向に、皇后陛下も宮内庁も官邸も反対し続けたのであるが、理由は瞭（あき）らかな憲法違反だからである。決して高齢の天皇を、無理矢理その地位に留めて、働かせようとしていたわけではない。それどころか、極力ご公務を減らそうとしてきたのである。しかし、おことばがリークされてしまった以上、従わざるを得ない状況に追い込まれたのである。

おことばは、まさに天皇陛下ご自身による、憲法を踏み越えるクーデターであるという政府高官もいる。我が保守陣営の中にも、秘かにそう囁いている人々もいる。首肯せざるを得ない。昭和二十年八月十四日深夜の、宮城に於ける、終戦の詔書の玉音録音盤奪取クーデター（未遂）の真逆ではないのか。天皇陛下に極めて近い人が録音盤（NHKを使ったリーク）を宮内庁・官邸の包囲網をかいくぐって放送させたとしか考えられない。その人は鎌倉時代だったら隠岐島に遠島になっていただろう。今回のおことばにより、順次皇室典範そのもの、皇室経済法、皇室経済施行法、宮内庁法、国家公務員法、警察法、祝日法、相続税法（生前譲位なので三種の神器は相続ではなく贈与になる）、元号法、刑法、検察審査会法などが改正になるという。おことば一つでこれだけの騒ぎになるのである。これでも「天皇は国政に関する権能を有しない」のであろうか。

八月八日のおことばでは、「天皇という立場上、現行の皇室制度に具体的に触れることは控えながら」「私が個人として、これまでに考えて来たことを話したい」「憲法の下、天皇は国政に関する権能を有しません」と三重にわたって、憲法違反の指摘を免れるための予防線が張られている。

ところが「国事行為や、その象徴としての行為を限りなく縮小していくことには、無理があろうと思われます」「摂政を置くことも考えられます。しかし、この場合も、天皇が十分にその立場に求められる務めを果たせぬまま、生涯の終わりに至るまで天皇であり続けることに変わりはありません」と、予防線を御自らあっさりと突破して「重い殯の行事云々」まで「具体的に触れ」ていらっしゃる。

このような憲法違反の譲位による太上天皇はもとより、新天皇も憲法違反である、と左翼憲法学者の木村草太や南野森らが、今から言い募り、はしゃいでいるのである。

自衛隊は憲法にその存立規程がないので、創立当初から夥しい違憲訴訟にさらされてきた。恵庭裁判、長沼訴訟、百里基地訴訟など枚挙にいとまがない。今、太上天皇が誕生したら自衛隊とおなじく憲法に規程がないのであるから、訴訟の嵐に見舞われるのは間違いない。仮に勝訴するにしても、ボディブローのように皇室は痛めつけられ、弱体化していくであろう。

嗚呼。

（初出：「やまと新聞」平成二十九年四月号）

第六節　国民の総意？

昨年八月八日の「おことば」のあと、各種マスコミが大規模な世論調査を行った。一例を挙げる。NHK「生前退位に関する世論調査」平成二十八年八月二十六〜二十八日　全国十八歳以上二千七百二十九人。

問い一．あなたは、制度を改正して「生前退位」を認めた方が良いと思いますか

1．認めた方が良い　　八十四・四％

2．認めない方が良い　五・二％

他の調査を見ても概ね八十％以上の高率で退位に肯定的好意的である。これを譲位推進派（承詔必謹派）の学者や政治家は、「国民の総意が示された」と、黄門様の印籠のようにふりかざしている。しかし、この「総意」に従うことが正しいのだろうか。その八月、私は知人友人（皆皇室を敬愛している人ばかりである）に聞いてみた。ほとんどの知人が「おいたわしい、早くお楽にして差し上げたい」と言う。世論調査と同じである。その知人たちに「退位した天皇陛下はどういう身分になって、どこに住むの？　平民になって高層マンションに住むの？」と聞くと一様に首をかしげる。あの世論調査に答えた人たちも、ほぼ全員、皇室や歴史の知識は皆無であろう。このような何も知らない国民（愚民）の言う通りに、国家百年の大計を決めてよいものなのだろうか。政治家は選挙演説で市民目線を強調する。具体的には、愚民の目線で政治を行うということである。危険極まりないではないか。

日露戦争後ポーツマス条約が締結され、日本はロシアから領土も賠償金も取れないことがわかり、群集が東京市内で暴動を起こしたことがあった。この時の暴徒の主張の通り、戦争

を続けた方が良かったのであろうか。近くは福島第一原発の事故である。直後の世論調査では、八十%以上の人が原発廃止に賛成している。それが正しい国策なのなのだろうか。憲法の九条二項を改正して自衛隊を軍にするということについては、最近は六十%近い世論が反対しているという。今後も憲法改正は不要なのだろうか。「原発怖いわー」「九条がなくなると戦争になるー」という世論と、「おいたわしい」は同じ次元である。譲位後に天皇がお二人になるというのは、この二百年で最大の出来事であるが、これを愚民の言う通り「おいたわしい」と決めてよいのだろうか。

さて、この世論調査を解説する新聞記事に、「国民は天皇のご心労に理解」という言葉があった。私が「天皇・ご心労」という単語ですぐに連想したのが、昭和天皇退位否定の詔勅原稿である。今はほとんど忘れられているが、昭和天皇も退位のご意志を表明したことがあった。ただし『昭和天皇実録』では「退位の意志は無い」と二回表明したことしか記されていない。一回目は昭和二十一年三月六日、新聞報道を受けて「現状ではその御意志のない旨をお伝えになり」とある。二回目が昭和二十三年七月九日、外国の新聞雑誌で、東京裁判の判決か来たる八月十五日を期して、天皇の退位が行われるであろう、と報道されたことに対し「天皇として留まり責任を取られる旨の御意向を示される」と書かれている。つまり天皇の側からは、一度も退位を言っていないことになっている。

しかし事実は異なる。昭和天皇は退位について発言されたのである。一回目が昭和二十年八月二十九日、木戸幸一内大臣に「自分が一人引受けて、退位でもしておさめる訳には行かないだろうか」と語っている（木戸幸一日記）。二回目は昭和二十三年十一月前後から十二月にかけ、東京裁判の判決が出て、七人の所謂「A級戦犯」が処刑された頃である。十一月十二日、A級戦犯二十五被告に対する最終判決が下された。この日、御座所に赴いた村井長正侍従は「目を泣き腫らし、顔を真っ赤にしていた陛下を間近に拝して　おののき視線を落として顔を伏せたまま退出した」と記している。さらに「十二月二十三日処刑の日に陛下は『東條たちは、わたしの身代わりとして、死んでくれたのだ。わたしは退位したいと思う。三谷はどう思うか』とものすごい声でおっしゃった」と三谷隆信侍従長が記している。この時、三谷侍従長は「お上が御苦痛だと思し召す方を、この際はお選びになるべきであります」と奉答している。三回目は昭和二十七年四月のサンフランシスコ講和条約発効の頃と言われている。

（初出：「やまと新聞」平成二十九年五月号）

第七節　昭和天皇も退位をご検討

先帝陛下昭和天皇も退位を真剣に考えられていたのである。特に昭和二十三年十一月の東京裁判最終判決（死刑七名）から十二月二十三日の死刑執行前後には真剣に悩まれたようである。しかし、昭和天皇はあえて「在位」という苦難の道を択ばれた。そして昭和天皇は国民に謝罪をし、さらに退位をせず、天皇として引き続き国家再建に挺身するという趣旨の、所謂謝罪詔勅が検討されていたのである。その詔勅は結局お蔵入りとなったが、その未発表原稿がなんと平成十五年になって発見された。その幻の謝罪詔勅原稿に昭和天皇の苦渋が如実に現れている。

「朕、即位以来茲に二十有餘年、夙夜祖宗と萬姓とに背かんことを恐れ、自ら之れ勉めたれども、勢いの趨く所、能く支ふるなく、先に善隣の誼を失ひ延いて事を列強と構へ、遂に悲痛なる敗戦に終り、惨苛今日の甚しきに至る」。

〔即位以来二十数年、努力をしてきたが、大勢に抗し得ず敗戦に至った〕。

「屍を戦場に暴し、命を職域に致したるもの算なく、思ふて其人及び其遺族に及ぶ時、まことに沖怛の情禁ずる能わず。戦傷を負ひ戦災を被り或は身を異域に留められ、産を外地に失ひたるもの亦数ふべからず、剰へ一般産業の不振、諸價の昂騰、衣食住の窮迫等による億兆塗炭の困苦は誠に国家未曾有の災殃といふべく、静に之を思う時憂心灼くが如し」。

〔戦死者と遺族、戦傷者と家族、そして戦災と生活苦に喘ぐ国民の惨状に思いを致し、炎で身を灼かれるようである〕。

（原文カタカナ、〔　〕内は村田抄訳）

終戦の詔書に「五内為に裂く」とあったが、ここでも身を灼かれる思いである、と述べられている。なんというご心労であろうか。平成も三十年になろうというこの太平の世に、「ご心労だから退位されても良いのではないか」という世論は、この「灼く」という表現をなんと受け止めるのであろうか。

「朕の不徳なる、深く天下に愧づ。身九重に在るも自ら安からず、心を萬姓の上に置き負荷の重きに惑う」。

〈自分の不徳は慚愧に堪えない。任務の重きに途方にくれるばかりである〉。

「然りと雖も方今、希有の世変に際會し天下猶騒然たり。身を正しうし己を潔くするに急にして国家百年の憂を忘れ一日の安きを偸むが如きは眞に躬を責むる所以にあらず。之を内外各般の情勢に稽へ敢て挺身時艱に當り、徳を修めて禍を嫁し、善を行つて殃を攘ひ、誓つて国運の再建、国民の康福に寄輿し以て祖宗及び萬姓に謝せんとす。全国民亦朕の意を諒とし中外の形勢を察し同心協力各其天職を盡し以て非常の時局を克服し国威を恢弘せんことを庶幾ふ」。

〈自分一人を正しく潔くすることを急ぐあまり、国家百年の憂いを忘れ目先の安らかさを求める事は、真に責任を取ることにならない。私も敢えて身を挺して困難に立ち向かい徳を修め善を積み、国家の再建と国民の幸福に尽くすことを通じて先祖と国民に謝罪しようと思う。私の意を諒とし、一致協力してこの非常時を克服することを心から願う〉。

周知の通り、昭和二十一年二月より昭和天皇は全国巡幸の旅に出られ、戦災に苦しむ国民を激励して歩かれた。奉迎の堵列には軍服姿の遺影を掲げる戦争未亡人や戦災孤児も多数おり、包帯も生々しい傷痍軍人も大勢いたことだろう。昭和天皇の胸中はいかばかりであったろうか。ご巡幸初日の二月十九日、行幸主務官筧素彦は、「陛下は平素のご様子とは全然違う。泣いていらっしゃる」と述懐している。

今上陛下も被災地のお見舞い激励に巡幸されていることは、ありがたい限りであり、ご心労も甚だしいものがあると拝察する。しかし、昭和天皇のご心労とは、比較するべくもないのではないだろうか。昭和天皇は「身を正しうし己を潔くする（退位する）ことは国家百年の憂を忘れ一日の安きを偸む（目先の安楽を貪る）ことである」と断じている。今上陛下は、今回の譲位を、昭和天皇にどのように奉告されるのであろうか。

私は昭和六十三年八月十五日の武道館での全国戦没者慰霊祭を忘れない。前年九月に手術された昭和天皇は、那須でご静養中であったが、周囲の猛反対を押し切って、ヘリコプターで慰霊祭に参列された。壇上でお足もとがおぼつかなくなって、立ち止まってしまい、テレビを見ていた私は息を呑んだ。日本中の人が固唾をのんで見守ったが、幸い数秒後に歩きはじめられ、黙祷の正午にぎりぎり間に合ったのだった。その時、昭和天皇宝算数えて八十七歳。最後のご公務であった。今上陛下はまだ八十四歳、お元気である。御譲位され、戦没者慰霊祭は新帝にお任せになり、仙洞御所でのんびりされるのだろうか。私としては昭和天皇のように、最後の最後の一歩まで、天皇として戦歿者のために祈っていただきたいと切に思う。

明治・大正・昭和・今上と四代の天皇でただお一方、靖国神社に御親拝されていないのは、今上陛下だけである。最も大事なご公務ではないだろうか。まだあと一年残っている。この間に靖国神社に御親拝なさらないと、これが慣例となり、次の御代も次の次の御代も、御親拝は期待できないではないだろうか。天皇と靖国神社の絆が切れてしまう。勅使はあくまで代理にすぎない。

「靖国神社の歌」
日の本の光に映えて
尽忠の雄魂祀る
宮柱　太く燦たり
ああ大君の　御拝し給ふ（ああ大君のぬかづき給ふ）
栄光の宮　靖国神社

（初出：「やまと新聞」平成二十九年六月号）

第八節　誰か一人でも想像していただろうか

六月九日退位特例法が成立した。平成も三十年で終わり、新しい御代がはじまるという。夢を見ているようだが現実である。昨年七月十三日午後六時五十九分のＮＨＫの速報に端を発したこの騒動、今日のこの事態を、一年前に一体誰が想像しただろうか。日本中に一人もいなかった、いやお一人を除いて一人もいなかった。日本国憲法第一条「天皇の地位は国民の総意に基づく」に違反して天皇お一人の御意志で地位が決められた。第二条「皇位は、世襲のものであつて、国会の議決した皇室典範の定めるところにより、これを継承する」に違反して「特例法」の定めるところにより、皇位は継承されることになった。第四条「天皇は、この憲法の定める国事に関する行為のみを行ひ、国政に関する権能を有しない」に違反して、天皇は権能を有して立法権を行使したのである。唖然とするしかない。

しかし考えようによっては、日本は国民主権ではなく、実は天皇主権国家だったのではないか？　私の年来の主張（願望）である「天皇国日本」だったのではないか？　宮内庁や官邸の頭越しにＮＨＫに報道させたり、御自らビデオ出演して語りかけたりすると、政府が慌てて動き出し、法律ができてしまう。凄いお力であり、専制君主とまではいかないが、かなりの権力である。自衛隊は北朝鮮による拉致被害者を、憲法に抵触するから救出出動できないそうである。であれば陛下にビデオ出演していただき、自衛隊の出動・平壌攻撃を命じていただければ、政府は慌てて全会一致で特例法を作るだろう。陛下自らの靖国神社ご参拝など、いとも簡単に実現し、四十年間の懸案は一気に解決するだろう。憲法改正再軍備は三百年あり得ない。だったら今回のように憲法は無視して、すべて特例法で再軍備すればよいのだ。

さて六月二日衆院議員運営委員会で、共産党の塩川鉄也議員は「おことばに基づく立法は憲法違反である」と共産党にしては珍しく正論を吐いている。もちろん譲位後に、上皇も新帝も憲法違反である、と言い出すために、地雷をニンマリしながら敷設しているのである。衆議院では亀井静香議員が正論を吐いて、反対票を投じている。参議院では特例法案を審議する特別委員会の理事を、有村治子議員が辞任している。これは付帯条項（女性宮家）に反対しての行動であるが。

心ある議員は「天に太陽が二つ」になってしまうと憂慮している。しかし、ほとんどの議員は憲法違反の疑義を持ってはいるものの、御譲位支持の圧倒的な世論調査に恐れをなし、沈黙せざるを得ず、一週間足らずの超スピードで成立させたのである。大衆迎合もここに極まれり。「おかわいそうに」という愚民の世論が国家百年の大計を決めてゆく。

さて、退位後の上皇のご活動だが、上西小百合議員の質問主意書に、政府は「退位後の御活動については、退位後に新たな御立場を踏まえて、決せられる事柄であると考えている」と回答している。要は「細部は決まっていないが上皇陛下の御意向を体する」ということである。当然であるが、内閣の助言と承認を要する国事行為と、宮内庁長官の助言を要する公的行為は、すべて新帝に移譲されるそうである。新年の一般参賀で国民の祝賀に応えられることは、国事行為でも公的行為でもない。長和殿ベランダに、お二人の天皇が、文字通り両立されるのだろう。退位後は赤坂御用地に造られる仙洞御所（上皇の御住まい）に蟄居されるそうだが、一歩もお出かけされないことはないであろう。観劇や美術館にも行かれるであろう。私的お出かけといっても警備は厳重であり、しかもマスコミの好餌となるのは間違いない。朝日新聞などは「古本屋で老夫婦を見かけたら、両陛下だった、などと言う時代がくるかも知れない」と楽しみにしているのだから、私的なお出かけも大々的に報道するに違いない。現在は実に小さくしか報道しないが……。

国事行為公的行為にお忙しい新帝を尻目に、庶民と親しく会話される上皇上皇后両陛下のお姿を、我々国民はマスメディアを通じてたびたび拝することになるだろう。周囲がいくらご公務の負担軽減を進言しても、どうしても受け入れなかった（渡辺允元侍従長談、六月十日朝日新聞）今上陛下は、いったいどのような老後を過ごされるのだろうか。

（初出：「やまと新聞」平成二十九年七月号）

第九節　おことばを書いたのは別人（格）？

八月八日の歴史的なビデオによる「おことば」放映から早いもので一年が過ぎた。元東大教授の酒井信彦氏は「この『おことば』は今上陛下のお気持ち表明の形式を取っているが、実質的には政府に対する命令である。三権分立もへったくれもない。日本はシナ朝鮮と異なり、権威（皇室）と権力（幕府・政府）をきれいに分けてきた。しかし今回天皇という権威が権力を行使したのである。まさにシナ朝鮮と同じになってしまった。日本の伝統的な国体を毀損したのである」と述べている。その通りであろう。しかし、どうしてこのような事態になったのであろうか。昭和天皇は東宮を甚く評価し、常日頃「東宮ちゃんがしっかりしているから、私は安心だ」と目を細めておっしゃっていたという。ご期待の通り、昭和天皇の果たせなかった沖縄への思いを、十回も行幸することにより、まさにご遺志を実行された。あまねく被災地を巡幸され国民を激励し、遠く南溟まで飛んで将兵の御霊を慰められてこられた。このように英邁な今上陛下が、どうして譲位と言い出したのだろうか。私は考えに考えて、遂に一つの結論に達した。このおことばを書いて譲位を言いだしたのは、陛下ご本人ではなく、別人（格）なのである。おことば一周年を機にもう一度読み返してみよう。

おことば再読。

「私が個人として、これまでに考えてきたことを……」。

陛下がご自分を個人と言うことはあり得ない。陛下は二十四時間三百六十五日天皇であり、八時間勤務の労働者でもなく、いわんや個人でも公人でもない。半神のご存在である。

「いかに伝統を現代に生かし、いきいきとして社会に内在し、人々の期待に応えていくかを考えつつ、今日に至っています」。

いきいきとして社会に内在し、などという言い回しは変である。また、陛下は政治家でも芸能人でもないので、「人々の期待に応え」る必要などまったくない。

陛下のご存在は、言うまでもなく「国民の総意」にも期待にも関係はない。天孫降臨の際の天照大神の三大神勅に立脚しているのである。

「これまでのように、全身全霊をもって象徴の務めを果たしていくことが、難しくなるのではないかと案じています」。

全身全霊をもって果たしてこられたことは、心ある国民は皆わかっている。それをわざわざビデオでおっしゃる必要はない。また、全身全霊をもっておつとめを果たせなくても、我々にとっては、とてもありがたいご存在である。最晩年の昭和天皇や桂宮宜仁親王、古くは大正天皇を想起していただければわかることである。

「天皇が国民に、天皇という象徴の立場への理解を求めると共に、天皇もまた、自らのありように深く心し、国民に対する理解を深め、常に国民と共にある自覚を自らの内に育てる必要を感じて来ました」。

ここまで内心を披瀝されると、我々国民は困ってしまう。皇室はここまで開かれ、ここまで我々のレベルまで降りて来られなくてもよいのではないか。お気持ちは御製や会見で十分に拝することができる。

「人々への深い信頼と敬愛をもってなし得たことは、幸せなことでした」。

昭和天皇は還暦の祝宴で左の御製を詠まれている。

ゆかりよりむそぢの祝ひうけたれどわれかへりみて恥多きかな

「なし得た」と誇らしげに言いきって良いものなのか。

「天皇の行為を代行する摂政を置くことも考えられます。しかし、この場合も、天皇が十分にその立場に求められる務めを果たせぬまま……」。

それでは大正天皇晩年の五年間、摂政を務められた東宮殿下（昭和天皇）の治世を否定することになるのではないか。おことばから一年経っても「なぜ摂政では駄目だったのだろうか」という問いに答えられる国民は誰一人いない。

「これまでにも見られたように、社会が停滞し、国民の暮らしにも様々な影響が及ぶことが懸念されます」。

社会はまったく停滞しないし、暮らしになんの影響もない。政治も経済も影響を受けなかったことは昭和六十三年に証明済みである。この年、日経平均株価は四万円になんなんとしていた。御不豫の時に自粛ムードが起きかけたが、自粛を自粛しようとし、皆平静に坦々と日常生活を送りつつ、御平癒を祈っており、そして覚悟をしたのである。

「とりわけ残される家族は、非常に厳しい状況下に置かれざるを得ません」。

それでもご歴代の皆様は立派にお勤めを果たされてきた。これではご家族に楽をさせるとは言わないが、ご負担を減らすために、憲法違反をおかしてまで譲位されることになる。我々は「天皇に私心なし」と、教わってきたが、そうではないのだろうか。

「国民の理解を得られることを、切に願っています」。

我々愚民に理解を求められても困り果てるだけである。皇祖皇宗や、偉大な明治の先哲に理解を求めていただきたい。なぜそこまで膝を屈して、愚民に降りてこられる必要があるのだろうか。

総合的に見て、おことばは、あの英邁な今上陛下ご本人が書いたものではなく、別人（格）が書いたものと確信するしかない。


（初出：「やまと新聞」平成二十九年八月号）

第十節　戦後レジームの氷山

私は西暦（キリスト教暦）が嫌いである。極力使わないようにしている。キリスト教とはなんの関係もない私が、なぜ神の御子なるものの生まれた年を基準にして、歳月を勘定しなければならないのか。最近、メディアはほとんど西暦を使い、さらに不愉快なことに、我々の仲間の保守を自称する人々も、やたらに西暦を使って恬として恥じない。先日、友人が「二〇二〇年の東京五輪云々」というので、私は「おいおい、平成三十二年だろうが」と窘めようとして、言葉を呑み込んだ。考えてみたら、平成は来年が最後の年であり、翌平成三十一年は新元号元年なのである。平成三十二年は存在しえない。では来たる東京五輪開催年はなんと表現したらよいのだろうか。このように、陛下ご存命なのに御代替わりで改元されると、ますます元号は使われなくなる。西暦が跋扈し、私も軍門に降って西暦を使わざるを得くなるのであろうか。昨年の譲位騒動の一年ほど前であるが、皇太子殿下が公的な場面でのおことばに「二〇二〇年五輪」とおっしゃっているのを聞き、私は暗然とした。

さて、今年も八月十五日がやってきた。私にとって一年で一番憂鬱な日である。マスコミが日本の戦争責任をはやし立て、要人の靖国神社参拝を非難する日である。昭和四十年代は、八月十五日にも靖国神社の境内は静謐そのものであった。しかし、ここ何年も反靖国勢力により凄まじい喧噪である。

今年も武道館での全国戦没者追悼式には両陛下が行幸啓された。おことばの一部を抜粋すると「ここに過去を顧み、深い反省とともに、今後、戦争の惨禍が再び繰り返されないことを切に願い」とあり、三年連続の「反省文」である。朝日新聞はじめ左翼マスコミは高く評価している。一方、安倍首相の式辞には、五年連続「深く反省」という言葉がなかったので「加害に言及せず」として非難している。平成二十四年八月の野田首相の式辞には「とりわけアジアの人々に対し多大の損害と、苦痛を与えました。深く反省し犠牲となられた」とあり「反省」していた。翌二十五年八月、第二次安倍内閣は最初の追悼式にあたり、「誰のために開く式なのか」と疑問視し、「戦歿者や遺族のためであり、また未来志向」という理由で、「反省」という言葉を使わなかった。たしかに我が国は「反省」する必要などまったくない。しかし、この平成二十五年と翌二十六年も首相式辞から「反省」がカットされたことが原因なのであろうか、翌二十七年の陛下のおことばの中に、「反省」が現れたのである。安倍首相が式辞でカットとしたことに対する、無言の抗議と言うべきなのであろうか。陛下ご自身がおことばで補って下さったのである。以後、今年まで三年間、首相に代わって「反省」していただいている。私は決して陛下を批判非難しているのではない。陛下が寄り添っている国民、何となく日本がアジアに悪いことをして、反省することが正しい姿であり、そうする人は良い人だ、と思い込んでいる愚民に対して、怒りの青い炎を燃やしているのである。

さて、もし陛下のおことばの中に「反省」ではなく、「将兵の百艱を冒し萬死を顧みぬ忠誠勇武に謝し」というような賛辞が入れられたらどうなるであろうか。左翼マスコミは「おことばの政治利用だ！」と非難の大合唱をするであろう。「深い反省」は大歓迎なのに……。大東亜戦争を指して、先の大戦と言い換えるなど、我が国には終戦直後のＧＨＱの神道指令がいまだに闊歩し、英霊も国民も、分厚い分厚い戦後レジームの氷の下に沈んでいるのである。

（初出：「やまと新聞」平成二十九年九月号）

第十一節　勅命かツイッターか

前節では、全国戦没者追悼式に於ける今上陛下のおことばに「反省」という言葉が使われており、政治的な発言ではないか、と疑問を呈した。八月八日の譲位のおことばも、やはり政治性を帯びているのではないかと、私は憂慮している。なぜなら、あのおことばの中に「象徴」という言葉が、なんと八回も登場するからである。

日本国憲法下で象徴と位置づけられた天皇の望ましい在り方を（中略）全身全霊をもって象徴の務めを果たしていく（中略）天皇が象徴であると共に、国民統合の象徴としての役割を果たすためには（中略）天皇が国民に、天皇という象徴の立場への理解を求める（中略）島々への旅も、私は天皇の象徴的行為として（中略）大切なものと国事行為や、その象徴としての行為を限りなく縮小していく（中略）象徴天皇の務めが常に途切れることなく、安定的に続いていくことを（後略）。

平成二十四年四月にできた自民党の憲法改正草案の第一条には「天皇は日本国の元首であり、日本国及び日本国民の統合の象徴云々」と、はっきり国家元首であると謳っている。憲法に国家元首が明記されていないのは、世界で日本だけであるから当然だが。その自民党が平成二十九年の参院選で勝利し、衆参両院で与党が三分の二を獲得したことが判明したのが、同年七月十一日の朝。そしてあのＮＨＫの「譲位の御意向」リーク報道が十三日夜（安倍首相外遊出発の前夜）。このタイミングと、多用される象徴という言葉。この二つの事実をあわせると、「元首ではだめなんだ、あくまで象徴なんだ」という、おことばを書いた人（今上陛下とは別人〈格〉）の意図が透けて見える。したがって、このおことばは政治的な発言であるというのは考えすぎだろうか。それにしても、象徴天皇というのは戦前と違い、国政に参与し立法までさせてしまう、強大な政治的権力を持つ天皇という意味なのだろうか。

天皇の活動、特に以下の国事行為には内閣の助言と承認を必要とする。

一、憲法改正、法律、政令及び条約を公布すること。

二、国会を召集すること。

三、衆議院を解散すること。

四、国会議員の総選挙の施行を公示すること。

五、国務大臣及び法律の定めるその他の官吏の任免並びに全権委任状及び大使及び公使の信任状を認証すること。

さらに国会開会式・認証官任命式・国民体育大会等への臨席、外国への公式訪問・国内巡幸等の公的行為については、内閣の助言と承認は必要ないが、内閣府の機関である宮内庁が決めている。さて上皇になったら国事行為・公的行為は一切なされず、私的行為だけになるわけである。従って内閣府（宮内庁）の管理監督からは、かなり自由になると思われる。というより内閣は天皇への助言承認という監督権を、上皇に対しては有しないことになるのではないか。一方、歴代の天皇のうち約半数が譲位しているが、その目的は天皇の地位から更に上皇へと昇り、「治天の君」として政治的権力を揮う（院政を敷く）ことにあった。今上陛下はまだまだお元気である。歴代の上皇のように、政治的権力を揮うことにならないのだろうか、憂慮に堪えない。私の友人に、「譲位後に私的に韓国を訪問され『反省』の意を表明するのではないか」と真顔で心配している者もいる。杞憂に終わればよいのだが。昔は上皇（太上天皇）になって、さらに出家して法皇（太上法皇）になった方もいた。白河法皇、鳥羽法皇、後白河法皇などが有名である。「昔は仏門に入った上皇もいたのだから、今度の上皇はキリスト教に帰依して洗礼を受けるのではないか」などと心配をしている友人もいる。「それはあり得ない！」と一笑に付すことができないのが悲しい。

幕末第二次長州征伐の時、大久保利通が西郷隆盛に宛てた書翰に「非義の勅命は勅命に非ず」という有名な文言がある。

神道家・思想家で民族派の理論的重鎮だった葦津珍彦（あしづうずひこ）氏（明治四十二年—平成四年）は「天皇の地位が世襲的なものである以上、天皇の意思と云ふのも世襲的なものでなければ意味をなさない」と言っていた。また氏は「大御心は天皇の個人の意思よりも、遥かに高い所にあり、また大御心とはすなわち日本民族の一般意思であって、時代によって変化する民衆の多数意思よりも貴い」とも言っている。

たとえば、ある天皇が「今後は女系でいく」と言い出したら、やはり承詔必謹するのであろうか。これこそ非義の勅命ではないのか。八月八日のあのおことばは、非義の勅命と言うしかないのではないか。

前述のように「おことば」には頻りに「象徴」ということばが使われた。そもそも天皇の地位は日本国憲法に由来・立脚するものなのだろうか。私は三大神勅に由来するものだと思っていたのだが。

「いや、あれは勅命でもなんでもない、ただのツイッターである。無視すれば良い」（加瀬英明氏談）。


（初出：「やまと新聞」平成二十九年十月号）

第十二節　千仞の功を一簣に欠く

「おことば」について続ける。前節で「おことば」に象徴という言葉が八回も登場する、と指摘した。象徴天皇のあり方を強調されたのであろう。象徴天皇のあるべき姿とは、三権分立も憲法も無視し、皇祖皇宗の大御心も無視して自分お一人の意志を押し通し、立法させ得る、専制君主であるということなのであろうか。さらに読み直すと「私」という言葉が十二回、「自分」と「自ら」と合わせて十四回に及ぶ。かつて皇太子殿下が、御会見で妃殿下のお名前を連呼し、さらに短い談話に、十回近くも妃殿下のお名前を出されことに、驚愕し不安を感じたが、今回は不安を通り越して絶望した。天皇に私心無し、ではないのであろうか。

昨年八月のおことばビデオを拝したあと、すぐに今上陛下の平成元年一月九日の朝見の儀の、あの威厳と緊張感に満ちた、まさに龍顔を動画で拝してみた。そして比較して、今回のビデオのご表情のあまりの激変ぶりに驚愕した。歳月人を待たずというが、それ以上にご病気や投薬が、陛下の心身に多大な影響を与えたのではないかと、心配に堪えない。そこで私は矢作直樹医学博士（元東大医学部教授）が、おことば一周年を期して上梓した『天皇の国譲位に想う』（青林堂）を手にした。筆者は著名な科学者であり、医学者の目から見てこの事態をどう語るのかと期待して、繙いたのである。

「このおことば自体は、おからだが悲鳴をあげていらっしゃる中で、まさに魂の叫びであると承りました。何人も代わることができない重責を今まで担ってこられた陛下が、天皇のあるべき姿を守られるために譲位を決められた御心情を、心底国民に語りかけられていらっしゃるお姿にただ恐懼いたすばかりです」。

悲鳴⁉　魂の叫び⁉　御歴代で、国民の前であからさまに、悲鳴をあげたり叫んだりされた天皇がいらっしゃっただろうか。著者はこのビデオを拝して、医学者として心身の不調を観察しなかったのであろうか。

同書は続ける。「誠に畏れ多いことながら、陛下が国民に説明をせざるを得ない状況にまで追い込んだ関係者の怠慢です。天皇の地位自体を操る大失態を犯しているということに、国民は一日も早く気づくべきではないでしょうか」。

これでは関係者が陛下の御一身を擁して、無理矢理国事行為にご公務に神事に、追い込んでいるかのようではないか。実際は国事行為もご公務も、皇太子以下の皇族に任せ、お出ましも極力減らすように、側近が諫言し続けて来たのではないのだろうか。にもかかわらず、陛下自らの御意志で今日の事態にいたったのではないだろうか。これで怠慢と誹られては、関係者はたまったものではない。陛下はいつでもすべて職務を、皇太子以下の皇族に任せて休養し、治療に専念することができる。そのことに誰一人異を唱える者はいない。ご用邸に閑居されて、悠々自適の晩年を過ごされて、いったい誰が文句を言うのだろうか。そして「天皇の地位自体を操る大失態」は誰が犯しているのだろうか。

「今回のおことばで、皇嗣であられる皇太子殿下に皇統が引き継がれることになりました。これで未来が定まりました。今までこの点の指摘を目にしたことがありませんが、これは将来に向けたいへん意義深いことです」。

皇嗣であるから皇太子なのではないのか。おことば以前は未来が定まっていなかったのだろうか。理解できない。

同書から続ける。

「天皇のお陰で（平成四年の訪中を指す）中華人民共和国は国体を変えることのないまま息を吹き返したのです。誠に天皇陛下の影響たるや、想像を越えたものでした」。

これは皮肉なのだろうか、真面目に言っているのだろうか。

「まさに想像を絶する言葉にはできないほどたいへんなことです。天皇陛下は国民に労し(いたわ)いとおもわれないように、たいそうお気をつかわれていらっしゃるように拝見いたしましが御胸中を拝察いたします」。

お気をつかわずに「悲鳴」をあげたのではなかったのだろうか。

医学者としての見解を求めて本書を手にしたが、陛下のあまりのありがたさに目がくらんで何も見えなくなり、その辺のただの（あえて言う）承詔必謹派と何らかわらない書であり、落胆した。

明石元紹氏なる「ご学友」と称する御仁が、あちこちで「陛下の真意」なるものを喋りちらしているらしい。私は十年前この方の講演を拝聴したことがある。著名人（明石元二郎）の子孫といっても凡庸な人もいる、という教訓しか得られず後悔したが。細川護熙(もりひろ)・鳩山由紀夫の類である。

今度設立される上皇職の職員数は、今の東宮職を上回る人数だそうである。引退して何もなさらないはずなのにこの陣容。上皇様は明石氏のようなスポークスマンを通じていったい何を発信し、厖大な職員を擁していったい何をなさろうとしているのだろうか。

宮内庁は皇族の減少、すなわち予算・職員の削減に悩んでいたが、ここにきて俄に予算人員が増えることになる。今頃嬉々として予算獲得案作成に寧日ないことであろう。めでたいかぎりである。

文藝評論家の臼井吉見氏が五十年ほど前に「皇太子が皇太子であるかぎり、はたの者が『もっと人間的に取り扱ってほしい』などといったところで結局はナンセンスというものである。センチメンタルな人情論などでどうなるものではない」と書いている。皇太子を天皇に替え、人情論に尊皇論を付け加えれば今なお通用する。なお、本シリーズを読んで「村田は不敬である、尊皇心がない」と憤っている方も多いと仄聞している。前述の医学博士とも、憤っている尊皇家とも、あのおことばがなければ、私は仲良くおつきあいできたことと、残念でならない。


（初出：「やまと新聞」平成二十九年十一月号）

第十三節　誰が何と言おうと二重権威になる

十二月八日、終に御譲位の日付が閣議決定された。平成三十一年四月三十日御退位、翌五月一日御即位となった。一週間ほど前、秋篠宮殿下はお誕生日の会見で、記者から「譲位に伴う二重権威」について質問され、以下のように述べられた。

「陛下は元々譲位をするときには、それまでされていた国事行為を始め、全ての公的な活動を次の天皇に譲るという気持ちを持っておられました。そのことからも、そういう二重権威という言葉が適当であるとするならばですが、心配する若しくは危惧するという向きがあったとしても、そういうことはあり得ないと私は、それははっきりと言えます」。もちろん「二重権威になる恐れがある」などとお答えするわけもない。

ところが、翌日のNHKの譲位関連の報道特集を見ていて驚愕した。上皇の御活動として、パネルに「私的な旅行観劇、私的な面会」の他に「一月二日新年一般参賀のときに皇居長和殿ベランダにお立ちになられる」と明記してあったのである。宮内庁も了解済みのことと思われる。私は譲位のあのおことばの直後から、このことを懸念してきた。我々は参賀に行ってどちらの陛下に向かって先に万歳を叫んだら良いのか。「上皇上皇后両陛下万歳」を叫び、そのあと「天皇皇后両陛下万歳」を叫ぶべきなのであろうか、それともその逆が正しいのであろうか。それともどちらでも良い、好きな方を先にすればよいのであろうか。数千の民草の歓呼の万歳が二分されてしまうのでは、と私はあちこちで疑問を呈してきた。しかし、心のどこかで、まさかそれはないだろう、両陛下が並んでお立ちになるとはまさに二重権威そのものではないか、それだけはないだろう、と願ってきた。一般参賀の時、お出ましの十分ほど前にアナウンスがある。「天皇皇后両陛下、皇太子同妃両殿下、秋篠宮同妃両殿下、常陸宮同妃両殿下。眞子内親王殿下……におかれましては十時十分よりお出ましになられます。ただいまの時間はおおよそ十時です」。我々はそのアナウンスを聞き、コートを脱いだりして準備をはじめる。このアナウンスの順番は皇位継承順である。当たり前だが凡そ宮中に於ける皇族の順位というのは、すべて皇位継承権順であり、園遊会でのお出ましや、宮中晩餐会の席次もすべて皇位継承順に並ばれる。したがって、悠仁親王殿下が成人されたら、常陸宮殿下の上位に座られることになる。それでは参賀の際のアナウンスでは、上皇上皇后はどの順番になるのであろうか。ついでだが、元旦の内閣総理大臣以下三権の長や、外国使節団長などの新年祝賀の儀はどうされるのであろうか。臣下そろって仙洞御所にも祝辞を奉じに行くのだろうか。上皇上皇后のお誕生日には三権の長はどうするのであろうか。さすがに宮中晩餐会には御臨席されないとは思うが、もし御臨席されたら席次はどうなるのであろうか。

歌会始めの儀はどうされるのであろうか。上皇上皇后陛下が和歌を詠進しないはずはない。そもそも上皇の和歌は「御製」なのであろうか、「御歌（みうた）」なのであろうか。歌会始の儀の最後に御製が披講される時、陛下以外は全員起立して拝聴するが、上皇の御製または御歌が披講される時は、新帝他の参加者は起立するのだろうか。新帝の御製の時に上皇は起立されるのであろうか。

両陛下は皇居勤労奉仕団に、蓮池参集所にてご会釈され、皇太子殿下は東宮御所の前でご会釈されている。新帝は蓮池参集所をつかわれるであろうが、奉仕団が赤坂御用地の仙洞御所の草取りをしたら、上皇は仙洞御所の前でご会釈されるのであろうか。奉仕団の面々は帰途につく時、どちらのご会釈が印象に残るのであろうか。もちろん両方である。これを二重権威とは言わないのだろうか。

国会開会式でのおことばなど、国事行為の代行順位は、法律で決まっている。譲位後は皇嗣子（秋篠宮）、皇太孫（不在）、親王（常陸宮）及び王（不在）皇后（雅子さま）、皇太后（不在だが上皇后になるだろう）、太皇太后（不在）、内親王（敬宮さま、眞子さま、佳子さま）、及び女王という順位になる（悠仁親王は未成年なので代行できない）。では、上皇はどこに入るのであろうか。上皇はかなり上位に入られるだろう。昭和六十二年に昭和天皇御不豫、皇太子御外遊につき、徳仁親王が国事行為を代行されたことがあった。場合によっては、上皇が代行される場面は今後全くありえないとは言えない。赤坂御苑での園遊会はどうされるのであろうか。阪神淡路大震災や東日本大震災の慰霊祭に新帝は行幸されるであろう。その際、上皇は仙洞御所で黙祷される筈であり、もちろんそれは報道されるだろう。

上皇の私的なご旅行で、臣民が日の丸の小旗を振ってお迎えし、上皇陛下万歳を叫んだら（私は絶対叫ぶ）お手を振って応えられ、そのお姿は報道されるであろう。警察の警備も厳重を極めるに違いない。音楽会や美術展への行幸も、私的とはいうものの演奏家等芸術家にとっては最高の名誉である。自分の履歴パンフレットに「上皇のご臨席を仰いだ」と明記するのは間違いない。

大相撲やスポーツの試合観覧はどうなるのか。平成三十二年（平成は三十一年までだが便宜上使う）の東京五輪の開会式には、四人の陛下が行幸啓されるのだろうか。二重権威にならないわけがない。わたしは、この国は（あえて我が国とは言わない）もう駄目なんじゃないかと、いつにもまして沈み込むこの頃である。

注　四人の陛下でなく、御四方と申しあげるべきだが、読者の便を考慮して敢えて四人とした。また文中「陛下」「殿下」を省略した箇所もある。非礼の責めを甘受する。

（初出：「やまと新聞」平成二十九年十二月号）

第十四節　枕を高くして寝る

週刊新潮平成二十九年十二月十四日号の特集「安倍官邸に御恨み骨髄『天皇陛下』が『心残りは韓国』……」なる記事を読んだ。リード文は「31年4月30日。あくまでも儀礼的で、いわば茶番の皇室会議を経て、平成の終焉日が決まった。天皇陛下が望まれてきた女性宮家創設は泡と消え、それを打ち砕いた安倍官邸に御恨み骨髄だという。更に、心残りとして「韓国」の二文字を挙げていらっしゃるのだ」。この三頁の特集記事の最後に「韓国ご訪問をご相談」の小見出しに続き、侍従職関係者は「陛下は韓国には一番行きたかったんじゃないでしょうか。それを迎えてくれるような状態だったら良かったんですけど」。麗澤大学八木秀次教授は「陛下は実際に『韓国訪問』の可能性についてお考えになっていた形跡があります。というのも、陛下よりその件で相談を受けた方に、ひとり挟むかたちですが、実際に聞いているからです。もちろんご在位中に訪問されたいという内容でした」。

この記事に続いて、ある官邸関係者はこんな打ち明け話をする。「最近耳にしたのが、陛下が華やいだ雰囲気で皇居を去りたいお気持ちを持っていらっしゃるということ。具体的には、一般参賀のような形で国民に対しメッセージを発し、その上でパレードをしたいと考えておられるようです。その一方で官邸は粛々と外国の賓客も招かずに静かにやりたいという考えがあって、そこで宮内庁とせめぎ合いをしていると聞いています」。

私が驚愕したのはこの記事ではない。十二月十四日付で、宮内庁は次の通りこの新潮の記事に抗議声明を出しているのである。宮内庁は前述の記事の後半のパレード云々を取り上げ「陛下は、法案が通った非常に早い時期から、譲位の儀式の方はできるだけ簡素になさりたいとのお考えをお持ちであり、とりわけ、外国賓客の招待については、新天皇の即位の礼にお招きすることの可能性を考えられ、御譲位の儀式にお招きするお気持ちはお持ちでない、また、一般参賀については、最近のヨーロッパ王室におけるお代替わりの行事において、例外なく王宮のバルコニーで新旧の国王による国民に対する挨拶が行われていたが、陛下におかれては、そのようなことをなさるお考えのないことを度々、我々に留意するようご注意を頂いていたところであります。パレードについての言及はこれまでありませんでしたが、以上のようなことから、華やかなものをお考えとはとても考えられないことです。宮内庁としては、このような陛下のお気持ちについては、早くより、十分に承知しており、内閣官房に対しても、御譲位の行事については、外国賓客を招いたりすることなく、宮殿内において粛々と静かに行われたい旨を伝えていたところであります。冒頭引用した記事に掲載されている陛下のお気持ちやお考えは、事実に全く反するものであり、これを陛下のお気持ちであるかのように報ずることは、国民に大きな誤解を与えるもので、極めて遺憾です。ここに、正しい事実関係を明らかにし、誤解を正すとともに、抗議いたします」と結んでいる。

私はこの声明を読んで衝撃をうけたのだ。パレードはどうでもよい。韓国訪問を望んでいる云々の記事の方には、抗議どころかまったく触れていないのだ。すると、やはりこの韓国訪問の記事は事実なのだろうか。宮内庁は否定しないのか。暗澹として年末を迎えたが、また も痛撃があった。読売新聞十二月三十日の一面トップ記事である。見出しは「90年盧泰愚氏来日『痛惜の念』陛下意向」。要約すると昭和五十九年の全斗煥来日の際、昭和天皇は「両国の間に不幸な過去が存したことはまことに遺憾」と伝えた。平成二年、盧泰愚の来日時に当時の海部総理は「国政の最高責任者である首相が陳謝すれば十分であり、陛下が歴史問題に言及される必要はない」としたが、「過去の歴史についてきちんと気持ちを伝えたい」という「陛下の強い希望が伝わり」この表現になったと伝えている。読売は同日の社会面でも、平成六年金泳三来日時のおことば「わがくにが朝鮮半島の人々に多大な苦難を与えた」云々、十年の金大中来日時「わがくにが朝鮮半島の人々に大きな苦しみをもたらした時代」云々を伝えている。さらに、陛下がサイパン島訪問時に韓国平和記念塔に拝礼されたこと、桓武天皇の生母は百済の武寧王の子孫であったことに、二回の公式の場で言及されていることに触れ、続いて「この九月の私的旅行での埼玉県の高麗神社参拝は、韓国では『退位前の和解のメッセージである』と報道されている」と結んでいる。杞憂であればよいと思っていたが、韓国ご訪問・謝罪は現実のものになるのであろうか。前節でも述べたが、上皇は内閣の助言も承認も必要とせず、かなり自由にふるまえることになりそうなのである。

　鳩山由紀夫という元首相は、政界を引退したあと一民間人としてではあるが、韓国や沖縄や南京で土下座するなど、奇矯な振る舞いをして、顰蹙（ひんしゅく）をかっている。しかし現地では、彼の言動は「元首相」としてのものであり、その言動は歓迎され重く受け止められている。

　私はこんなルーピーなど連想するわけがない。絶対にしない。英邁な上皇陛下が韓国を訪問され、日帝三十六年の強占支配に「痛惜の念」をもって謝罪され、日本人を、未来永劫自虐史観の泥沼に、沈めることなどされるわけがない。朝鮮半島の近代化に、血と汗と涙で貢献した数多くの先達の名誉を、踏みにじることなどされるわけがない。私はそう信じて連夜枕を高くして安眠しているのである。

（初出：「やまと新聞」平成三十年一月号）

第十五節　極左から見た譲位

今回の御譲位騒動で、反日反皇室左翼は大喜びしている、ということはすでに書いた。反天連（反天皇制運動連絡会）の、平成二十九年六月三日のデモを呼びかけるチラシにはこうある。「昨年8月の天皇メッセージによって始まった『平成代替わり騒動』。天皇みずからテレビで天皇制のあり方について主張するという、戦後天皇制にあるまじき事態でした。しかし『憲法違反』の声はマスコミや政治家からほとんど聞かれず、事態は明仁天皇の意向に沿う形で進んでいます。

議論の場を移した国会でも、自民党から共産党まで『退位容認』『天皇制維持』の大翼賛というテイタラクです。ならば天皇制廃止は街頭で訴えるしかない！」。

奴らの言い分を知るために堀内哲著『生前退位—天皇制廃止—共和制日本へ』を繙いた。帯に「21世紀末、日本人は日本共和国に住んでいる！」とある。著者はヒロヒト、アキヒトと呼び捨てにする、強烈な反天皇主義者、極左である。この本に触ったあとは石鹸でよく手を洗わないと気が済まなくなる。以前から私は、今上陛下が、左翼の業界では護憲派として人気があるらしいと、耳にしていた。しかし、今回この書を見ると、驚くことにまさに大人気なのである。同書に曰く「被災地をたびたび訪問しては原発に反対であるかのような言説を発し、さらには海外の戦地を歴訪して、現地住民に対する加害にまで言及する今上夫妻は、たがえようもなくリベラルの星であったわけで（中略）それ自体で（憲法によって禁じられている）政治的行為の遂行者であった。彼彼女（村田注・両陛下のこと）は公費によって行動する『プロ市民』以外ではなかっただろう」。「天皇アキヒトは、今やさまざまに追いつめられているリベラル派の最後の拠り所である」。

こうまではっきり書かれると憮然とするしかない。

それはさておき、今般の御譲位については何と書いてあるだろうか。「いままで護憲派や市民運動家のなかには天皇が『憲法を守っている』『安倍より憲法をよく理解している。』と評価している人が多かった。だが今回の一件で天皇は憲法を理解していない、守っていないことがあきらかになった。なし崩し的に生前退位を容認することは、国民の総意で決定するという第一条にも違反する。天皇の元首化が現実のものになってしまった」。「生前退位は皇室の求心力低下をもたらすのだ。天皇は終身・世襲の『公務』を課せられているがゆえに、特権を享受する。『公人』たるべき天皇が『普通のお爺さんに戻りたい』という『私情』を優先させてしまったことに対し『天皇だけは特別扱いはおかしい』という声が上がりかねない。『年をとったから天皇をやめたい』では、その辺のご隠居と変わらない。」「生前退位は生身の人間としてのアキヒトと、政治制度としての天皇の分裂と矛盾を大衆の面前にさらけだしてしまった。その矛盾を止揚するためには憲法のアキレス腱第一条「『国民の総意』に共和制をぶつけるしかない」。

まさに意気軒昂である。さらに続ける。

「生前退位の意志表明の理由とされたのは公務の過剰に耐えられなくなったということのようだが、これはそもそも憲法に於ける国事行為以外はしなくてもいいものを、生身の人間としての活動を、自業自得的にやたらとふやしたためだろう。国事行為という社会的非人間性と生物学的人間性の二重性をもたらす諸問題を解決するためには、天皇を社会的非人間から生物学的人間に戻してやれば良いのである。つまり天皇制を解体して天皇を普通の人間に戻してやることが唯一の解決方法である。アキヒト天皇の生前退位の意志表明が取りざたされているこの機会こそ天皇制の根源的不条理を徹底的に議論しなくてはならない」。

当たり前であるが、奴らは「おかわいそう」と言う愚民より遙かに天皇制度を研究しており、その指摘は憎たらしいが正鵠を射ている。こう書くと一部の読者は早合点して「村田は極左に同調している！　やっぱり村田は不敬だ、極左だ、工作員だ！」ということになるだろう。間違いなくなる。奴らは「譲位はおかしい。だから天皇制を廃止しろ」と言っているが、私は違う。「どうして内閣も宮内庁も、こんなことを奴らに言わせるような譲位を認めてしまったのか！　どうして辞表を懐に、譲位を阻止しなかったのか。いや、もっと言えば、諫死覚悟で懐剣を呑んで説得すべきだったのではないか」。

（初出：「やまと新聞」平成三十年二月号）

第十六節　「などてすめろぎは……」

読者の中には、もう決まってしまったことなのに、なぜくどくど恨みがましく書いているのかと思われるだろう。たしかにこうなった以上、御譲位の式典等我々一般人でも参加できる行事があれば、私も馳せ参じて万歳を叫びたいと思っている。しかし今しばらく、愚痴におつきあいいただきたい。

インターネットで譲位を検索すると、無数に書き込みが出てくる。作者不明であるが「譲位に関する九つの疑問」が秀逸なので、以下に無断で転載させていただく。【　】内は村田の注釈である。

①天皇が怪我や病気の場合、摂政や公務の臨時代行に委任する法律があるのに、何故天皇は、憲法違反の疑いがある生前退位を表明するのか。

【天皇が表明しているのではない。別人（格）が表明しているのだ。】

②高齢や老齢で公務ができていないと、周りの人が言っていない。天皇だけが言っている。

【たしかにそうだ。というより、まわりは公務を減らすように諫言してきたが、ご本人が肯んじないのである。常陸宮殿下は車椅子でも公務に励まれている。】

③宮内庁は、なぜ憲法違反の疑いがある生前退位表明を止めないのか。

【散々止めたが、諦めたのである。そしてこうなったら、譲位を奇貨として組織拡充予算獲得に邁進しよう、国体の危機なんて我々の関知することではない。今目の前の組織維持の方が大事だ。となったのである、転んでもただでは起きない】。

④公務ができない状態であることを証明するには、政治色のない、いろんな医師の診断により、決定されることが必要である。

【その通り、永年の投薬の副作用とか、多面的に診断されるべきではないか。】

⑤天皇自ら表明するのは、憲法違反になるかもしれないので、医師団や宮内庁が表明すべきことなのに、なぜしないのか。

【宮内庁は憲法違反だということを知っている。自分たちは憲法下の官僚として表明はできない。今回は、全責任は天皇にあるので、安心して上皇職だの皇嗣職をつくって組織拡充に余念がない。】

⑥宮内庁長官が、最初メディアが報道した時に、知らないと言っている。こんな大事なことを長官が知らない訳がない。

【当初はなんとか、誤報で済まそうとしたようだ。しかし、やはり天皇には抵抗できなかったのである。諫止いや諫死するほどの尊皇家はいない。】

⑦安倍総理も菅官房長官も、コメントしないと言っている。

【なんとか誤報で済ませられないかと模索していた。】

⑧宮内庁職員は、信用失墜行為で罰せられるかもしれないのに、なぜメディア（ＮＨＫ）

に漏らしたのか。

【職員ではないのではないか。保身に長けたというか、保身の固まりのような職員が、敢えて火中の栗を拾う理由はない。】
⑨皇太子さまや秋篠宮さまは、どうして憲法違反の疑いがあるのに、生前退位を受け入れようとするのか。
【皇后陛下も猛反対していたが、ある時から、百八十度変わって、天皇陛下の言うとおりとなった。要は諦めたのである。皇太子も秋篠宮も同じく諦めたのである。】

縷々述べたが、私が一番衝撃を受けたのは、おことばの「個人として」という部分である。三島由紀夫先生の「英靈の聲」を一部抜粋しよう（「すめらみこと」「すめろぎ」は天皇の意）。

かけまくもあやにかしこき　すめらみことに伏して奏さく
……今、四海必ずしも波穏やかならねど、日の本のやまとの国は
鼓腹撃壌の世をば現じ　御仁徳の下、平和は世にみちみち
人ら泰平のゆるき微笑みに顔見交はし　外国の金銭は人らを走らせ
もはや戦ひを欲せざる者は卑劣をも愛し、いつはりの人間主義をたつきの糧となし
偽善の団欒は世をおほひ　ただ金よ金よと思ひめぐらせば
人の値打は金よりも卑しくなりゆき、

世に背く者は背く者の流派に、生かしこげの安住の宿りを営み、
世に時めく者は自己満足の　いぎたなき鼻孔をふくらませ、
陋劣なる真実のみ真実と呼ばれ、大ビルは建てども大義は崩壊し
感情は鈍磨し、鋭角は磨滅し、烈しきもの、雄々しき魂は地を払ふ。
血潮はことごとく汚れて平和に澱み　ほとばしる清き血潮は涸れ果てぬ。
天翔けるものは翼を折られ　不朽の栄光をば白蟻どもは嘲笑ふ。
かかる日に、などてすめろぎは人間（ひと）となりたまひし
などてすめろぎは人間（ひと）となりたまひし
などてすめろぎは人間（ひと）となりたまひし

烏滸がましいにもほどがあるが、あえて言う。
などてすめろぎは個人となりたまひし
などてすめろぎは個人となりたまひし

（初出：「やまと新聞」平成三十年三月号）

第五章　小和田さんのどこが悪いの

第一節　数千枚配布したビラ

まず次の小文をお読みいただきたい。数年前私はこの小文をチラシに印刷した。そして数カ月にわたり東京の保守系集会で数千枚配布したことがある。

小和田恒氏がどうして悪いの？

村田春樹

我が愛国陣営（保守業界）では小和田恒氏（元外務事務次官、現国際司法裁判所判事）の評判は頗る悪い。陣営の中心的論客の某大学のW名誉教授などは「国賊」と斬り捨てている。国賊の罪状は昭和六〇年十一月八日第一〇三国会衆議院外務委員会での答弁である。この答弁で小和田条約局長（当時、以下同じ）は「日本はサンフランシスコ講和条約で東京裁判の『判決』を受諾した、と言うべき処、『裁判』を受諾した、と答えてしまった。これによりあの不当な『裁判』を我が国は未来永劫受け入れることになってしまった。」というものである。この年の八月十五日、中曽根首相は靖国神社を参拝したが左翼の猛反対で大騒ぎとなった。（以後約十五年十代の首相は殆ど参拝せず）この外務委員会で日本社会党の土井たか子副委員長は「合祀された所謂A級戦犯は日本が受諾した東京裁判で裁かれた云々」と火を吹くように追求している。それに対し小和田局長はたしかに「裁判を受諾している」と回答している。ではこの答弁のお陰で日本は東京裁判の呪縛・軛から今日に至るも逃れられないのだろうか。とんでもない。小和田局長は答弁で講和条約第十一条を引いて「日本国は裁判所並びに裁判を受諾し日本国民に法廷が課した刑を執行する云々という規定が有り、ここで裁判を受諾すると約束しているわけです。」と答えている。なるほど講和条約を読むと、日本国は「裁判」を受諾すると明記してあり、「判決」を受諾しているのでは無い。小和田氏が勝手に「判決」を「裁判」に解釈（翻訳）を変更したのではなく、条文を説明しただけなのである。この答弁はあまりにも当前の答弁だったので、全く報道されていない。その時点では誰も全く問題にしておらず問題にできるわけもない。日本国はポツダム宣言を受諾し東京「裁判」とその判決を受諾し、現在に至るも南極の氷よりも分厚い戦後レジームという氷が日本を覆っている。小和田氏は講和条約締結時十九歳、氏になんの罪があろうか。百歩譲ってこの答弁が問題だとしても、これは国会に於ける条約局長の答弁であり、小和田氏個人の政治思想歴史観を披瀝したものではない。他の官僚がこの時答弁していたら当然全く同じ答弁になっていたはずであり、その責任は安倍外相と中曽根首相が負うべきものである。もし他の官僚が答弁していたとしたら、W名誉教授はその官僚を三十年後も「国賊」認定したのであろうか。三十年経っても小和田氏を非難するのは、氏が東宮妃の実父だからなのではないのか。この様なこじつけに過ぎない誹謗中傷に、一切言挙げしない氏の凜乎たる姿勢には皇室の外戚にふさわしい威厳と節度を私は感ずる。「将を射んとして馬を射る」と言う。根拠も無く妃殿下のご実家を批判することは、来たるべき御代替わりに、新たな両陛下を中傷せんと虎視眈々と待ち構える反日反皇室日本人や平和を愛する諸国民を喜ばせるだけである。以上

本論への反論をお待ちしています。該当外務委員会の議事録を熟読していただきharuki07@guitar.ocn.ne.jp まで。

このチラシ数千枚への反論はなんと皆無であった。展転社の藤本社長はじめ四名が「我が意を得たり！ ありがとう」と激励の電話を掛けてきてくれたが、他に反応は一切なかった。しかし、いまだに保守業界では小和田氏の悪口が続いているようだ。先日も仲の良い活動仲間と飲んでいたら、彼が「雅子のオヤジ」と言うので驚愕した。保守愛国尊皇家であることを、自他共に認めるその仲間が、皇太子妃殿下のお名前（諱）を呼び捨てにし、さらに皇太子殿下の岳父をオヤジとは！ 戦前であれば不敬罪でこっぴどく処罰されたはずである。そこで私は平成二十九年六月「世論の会」の三輪和雄氏のご厚意で、サンケイプラザに於いて「平成の皇室を仰ぐ。保守派の人が絶対認めたくない、皇室の不都合な真実」と題して講演をさせていただいた。以下はその講演の原稿である。

第二節　小和田氏の示した日本の行く道

N大学教授語る。「問題はやはり小和田家です。恒氏が国際司法裁判所の判事になられたとき私はそれを歓迎しないと言う意味のことを雑誌に書いた。案ずるかな、間もなく、領土問題や捕鯨の問題が起きた。皇室に悪い影響を与えそうな分野には、近づかないのが妃殿下を皇室に送り出した、父親の心得なのでは。身を慎み出家のような覚悟をすべきお立場なのでは？　小和田氏が、日本は過去の自分の行動のゆえに国際社会の中で『ハンディキャップ国家』だと言い立てていることはよく知られている。中韓両国に、永久に謝罪しつづけなければならない国、という意味であろう」。

小和田氏が判事になったから領土問題が起きたのか。捕鯨問題が起きたのか。全く関係がない。ましてや小和田氏が領土問題や捕鯨問題を起こしたのではない。世に裁判官の娘は大勢いるだろう。実家の父の下す判決によって、婚家に迷惑がかかるものなのだろうか。実際、皇室に領土問題や捕鯨問題で迷惑がかかっているのだろうか。八つ当たりとはこのことである。私はこのN教授と面識もあるし、尊敬もしている。著書も何冊も読んでいる。しかし、この放言はいただけない。

「身を慎み出家のような覚悟をする？」。国際司法裁判所の判事になることが、身を慎んでいないということなのだろうか。裁判官はあくまで裁判官であり、訴訟に巻き込まれるなんてことは、あり得ないではないか。出家？　では、今上陛下の岳父正田英三郎氏はどうだったのだろうか。出家もせず財界で御活躍。昭和天皇の岳父久邇宮は早世してしまったが、大正天皇の岳父九条家はどうだったのだろうか。明治天皇の岳父一条家は？　柳原家は？　まさに八つ当たりというしかない放言である。

しかも「言い立てている」？　私は調べてみたが、ハンディキャップ国家発言は、小和田事務次官（当時）が、ただ一回、平成五年に東京藝術大学の平山郁夫学長との対談「これからの日本の行く道」で述べただけである。この対談で小和田氏は次の三つの方向を示している。小和田氏の話を要約する。

第一の道「極東の特殊な国」とは、敗戦後しばらく多くの日本人が考えていたイメージ、スイスのような国である。国際問題に一切関わりを持たず清く、貧しく、美しく、極東の小さな島として生きていくという道である。そんなことは絶対無理であり少なくとも現在の日本は、その道を選択していない。

第二の道である「普通の国として生きる」とは、自由党（当時）の小沢一郎氏が主張する「普通の国」になること。文字通り普通の国がするように、自分の国を守る軍隊を持ち、欧米諸国のように、経済、政治、軍事とバランスのとれた国家を目指す道である。しかし、日本がこの方向を目指すには、憲法改正が大前提になるので、この道は絶対に無理。

第三の道が「ハンディキャップ国家」になる道。日本は過去の自己の行動や国民の信条として、日本自身が属する共同体たる国際社会の共同の利益のためであっても「特定の行動」には参加しないということを国家として明確にする。しかし、共同体の一員として責任を果たすために、他の分野でそれを補って余りある犠牲を払うことを求められる。このハンディキャップ国家論のよって立つ根拠は、吉田ドクトリンである。日本が国際貢献を果たそうとしても、軍事貢献ができないので、そこにハンディキャップを負っている。だからその他の面で補わなければならない。「他の分野でそれを補って余りある犠牲」とはもちろんお金である。

このように小和田氏は、日本が進むべき三つの道を示し、日本がどの道を進むべきかを明確にはしていないものの、文脈からハンディキャップ国家を目指すべき、という考え方であることが読み取れる。というより他に選択肢はないのではないか。

この対談は、もちろん小和田氏は外務事務次官という立場で話している。外務省ひいては日本国そのものが当時も（現在も）現実にハンディキャップ国家だから、当然のことながらそういう発言（説明）をしているのではないか。

しかも、小和田氏が言い出したから、日本はハンディキャップ国家になったのだろうか。湾岸戦争で血は一滴も流さない、金は一ドルも出さないなどと言うことができるわけがない。N教授は、ご自分がもしあのときに、首相または外相だったらどうしたのか。やはり同じように、ハンディキャップ国家だからやむを得ない、と金を出したのではないのか。要するにこの時点のこの小和田氏の発言におかしいところはどこにもない。日本という国の現状と、そしてどうしてハンディキャップ国家になったのかを説明しているに過ぎない。

外務次官が二番目の「憲法を改正して普通の国になって、出兵すべき」などと喋ったら、野党マスコミが大騒ぎして内閣総辞職になってしまうではないか。さらに言えば、日本は憲法九条というハンディを背負っているのに、国際貢献を一生懸命やっている、健気な国なのではないだろうか。日本は世界の他の国と一緒にオリンピックには出られないのであり、パラリンピックにしか出られないのだ。アフリカや中南米の破綻寸前の小国と一緒にパラリンピックに出て、金メダルを独占し続けていくしかないのである。

この構図は三百年は続くであろう。かつて岡崎久彦元駐タイ大使が言っていたが「日本外交は右手右足を自分で縛り付けて、左足と左手だけでボクシングをやっているようなものだ。五体満足の人と戦って勝てるわけがない」。なるほど、それではリングで土下座するしかないではないか。繰り返すが、当時も今も、そして未来も、日本はハンディキャップ国家であり、しかもそれは小和田氏がつくったものではない。また、ハンディキャップ国家からの脱出、パラリンピックからオリンピックへの昇格は、政治家の仕事であり、事務次官の仕事ではない。再度言うがN教授の談は、小和田氏への八つ当たりに過ぎない。

第三節　ジャッジメンツは判決か裁判か論

さて私がチラシに書いたW名誉教授の発言をもう一度見よう。

「昭和六十年十月八日の衆議院外務委員会で土井たか子氏の質問に答えて、小和田氏は東京裁判においてわが国は中国に対する侵略戦争を行った、これが『平和に対する罪』である、サンフランシスコ平和条約第十一条において日本は『裁判を受諾する』と言っている以上、『裁判の内容をそういうものとして受けとめる、承認するということでございます』と答弁しているが、これは百パーセント解釈の間違いである」。

W教授は the judgments を判決と訳すべきであり、判決とは講和条約発効後も日本国政府は、連合国に代わって刑の執行を続ける（すぐに釈放しない）という意味である。小和田氏が「裁判」と誤訳したので、日本は東京裁判そのものを受け入れてしまった。と主張するのである。有名な「ジャッジメンツは判決か裁判か論」である。

W名誉教授の言うとおり百パーセント間違いであるかどうか詳しく見てみよう。ネットで「衆議院」で検索すると簡単に見ることができる。

第１０３回国会　外務委員会　第1号

本国会召集日（昭和六十年十月十四日）（月曜日）（午前零時現在）における本委員は、次のとおりである。

委員長　愛野興一郎君

理事　奥田敬和君　　理事　北川石松君
理事　野上徹君　　理事　浜田卓二郎君
理事　井上普方君　　理事　土井たか子君
理事　玉城栄一君　　理事　渡辺朗君
（中略）
出席国務大臣　外務大臣　安倍晋太郎君
出席政府委員　内閣官房内閣審議室長兼内閣総理大臣官房審議室長　的場順三君
内閣法制局第四部長　工藤敦夫君
外務省アジア局長　後藤利雄君
外務省北米局長　栗山尚一君
外務省欧亜局長　西山健彦君
外務省経済局長　国広道彦君
外務省経済協力局長　藤田公郎君
外務省条約局長　小和田恒君
外務省国際連合局長　山田中正君
外務省情報調査局長　渡辺幸治君
文部省初等中等教育局長　高石邦男君

文化庁次長　加戸守行君
厚生省援護局長　水田努君
運輸省航空局長　西村康雄君
運輸省航空局技術部長　大島士郎君
委員外の出席者運輸省航空局管制保安部保安企画課長　土井勝二君
外務委員会調査室長　高橋文雄君

この年の八月十四日に中曽根総理が靖国神社に参拝しており、この件で野党マスコミは大騒ぎをしていたが、そのさなかの外務委員会である。

しかし、土井たか子氏（当時日本社会党副委員長）と小和田恒条約局長の討議は全体の約十分の一であった。

（前略）

○土井委員　つまり、国際的に日本は中国に対して侵略をしたということが是認されておる、国際的それは認識である、このことを日本もはっきり認めなければならぬ、こういう関係になるわけですね。

東京裁判で「平和に対する罪」という概念が新しく出てきているわけですが、「平和に対する罪」というのは内容は一体どういうものなんですか。外務省いかがでしょう。

○小和田政府委員　極東国際軍事裁判所の条例で「平和に対する罪」というものが規定されまして、それに基づいて被告が起訴されたわけでございますけれども、その中で訴因の第二七というのがそれに当たりますが、中国に対して侵略戦争が行われた、これが「平和に対する罪」を構成するという規定がございます。
○土井委員　それは、極東国際軍事裁判所条例の中にも明記がされているところですから、今局長がお答えになったとおり、中国に対して侵略戦争を行ったということに対する罪である、具体的に言えばそういうことに相なるかと思うのです。そうすると、東京裁判自身に対しては、日本はこれは認めているわけですね。また、東京裁判に対しては国として、政府として、それを是認するという立場にあるわけですね。いかがですか。
○小和田政府委員　土井委員御承知のとおり、日本国との平和条約の第十一条に規定がございます。「日本国は、極東国際軍事裁判所並びに日本国で拘禁されている日本国内及び国外の他の連合国戦争犯罪法廷の裁判を受諾し、且つ、日本国民にこれらの法廷が課した刑を執行するものとする。」云々という規定がございまして、ここで極東国際軍事裁判所の裁判を受諾するということを約束しておるわけでございます。
○土井委員　受諾するということになると、条約に対しては遵守するという義務が日本としてはございますから、したがって、平和条約の十一条に言うところで、はっきりそのことに対しては認めているという立場に日本の政府としては立つわけですね。日本の国としては立つわけですね。これを再確認します。
○小和田政府委員　ここで裁判を受諾しているわけでございますから、その裁判の内容をそういうものとして受けとめる、そういうものとして承認するということでございます。
○土井委員　この東京裁判、極東国際軍事裁判所において戦争犯罪人として処罰されることのためには、戦争を引き起こした、侵略戦争を行ったということで処罰されているわけであります。侵略戦争というのは、先ほど外務大臣がおっしゃるとおり、国際的にこれは犯罪ということに相なるかと思われますが、いかがでございますか。
○小和田政府委員　一般論として申し上げますと、極東軍事裁判の評価については学問的にはいろいろな意見がございますけれども、先ほども申し上げましたように、国と国との関係におきましては、日本国政府といたしましては極東軍事裁判を受諾しているわけでございます。その裁判の過程におきまして、先ほども申し上げましたような「平和に対する罪」ということが起訴理由になっておりまして、その訴因の第二十七で、被告が中華民国に対し侵略戦争並びに国際法、条約、協定及び保証に違反する戦争を行ったということが挙げられておりまして、御承知のような判決が出ているわけでございますので、そういうものとして政府は受けとめておるということでございます。
○土井委員　したがって、侵略戦争は国際的に犯罪であるということを認めるということに相なりますね、もう一度お尋ねしますが。
○小和田政府委員　この極東軍事裁判において問題になった戦争あるいはこの被告の行動につきましては、それが極東軍事裁判所に言うところの「平和に対する罪」を構成するという判決、そういう裁判を受諾した、そういうものとして認めたということでございます。
○土井委員　ポツダム宣言というのがございますね。ポツダム宣言を日本が受諾したということ、これはイコール敗戦ということに相なったわけでありますが、このポツダム宣言の十項というところに「一切の戦争犯罪人」云々というのが書かれております。「平和に対する罪」で裁かれた者は、当然この中に含まれますか、いかがでございますか。
○小和田政府委員　御質問の趣旨を私、正確に把握したかどうかよくわかりませんが、ポツダム宣言十項には御指摘のとおり「一切の戦争犯罪人に対しては、厳重なる処罰を加へらるべし。」という規定がございます。我が国はポツダム宣言を受諾しておりますので、この内容を受諾したということでございます。
○土井委員　そうすると、その内容を受諾したと言われる「一切の戦争犯罪人に対しては、厳重なる処罰を加へらるべし。」と書いてあるその「一切の戦争犯罪人」というのは、「平和に対する罪」で裁かれた者は当然これは含まれるということになるわけですね。
○小和田政府委員　前後関係が逆になりますけれども、ポツダム宣言を受諾いたしまして、その後の事態におきまして極東軍事裁判所が設立をされて裁判が行われた、こういうことでございます。その極東軍事裁判所の裁判の過程におきまして、「平和に対する罪」として裁かれたわけでございますので、ポツダム宣言十項に言っておりますところの戦争犯罪者の処罰の規定が具体的に実施されたものとして、極東軍事裁判を受けとめるということでいいのではないかと思います。

○土井委員　いや、それは解釈の経緯についての御説明でございましたが、結論とすれば、時間的には相前後するけれども、ポツダム宣言の十項に言うところの「一切の戦争犯罪人」は「平和に対する罪」で裁かれた者は当然含む、こういう理解でよろしゅうございますね。

○小和田政府委員　委員の御質問の趣旨を私、正確に理解していないかもしれませんのでお許しいただきたいのですが、ポツダム宣言の第十項に言っております戦争犯罪人の処罰、それが具体的に実施に移されたものとして極東軍事裁判というものが位置づけられると思いますので、その意味におきましては極東軍事裁判の結果というものは、ポツダム宣言第十項に言っておりますところの戦争犯罪人の処罰に相当するものであると理解しております。（後略）

（傍線は村田）

詳しくお読みいただければわかる通り、小和田氏は土井たか子に、講和条約締結時の日本国政府の対応を説明教授してあげているに過ぎない。話のメインは土井たか子が「所謂A級戦犯が祀られている靖国神社に参拝するのはけしからん」と主張するものであり、当然ながらジャッジメンツの翻訳について争われたわけではない。

ここで講和条約十一条の原文を見てみよう。

サンフランシスコ講和条約第十一条

Japan accepts the judgments of the International Military Tribunal for the Far East and of other Allied War Crimes Courts both within and outside Japan, and will carry out the sentences imposed thereby upon Japanese nationals imprisoned in Japan.

以下当時の外務省の正式翻訳である。

日本国は、極東国際軍事裁判所並びに日本国内及び国外の他の連合国戦争犯罪法廷の裁判を受諾し、且つ、日本国で拘禁されている日本国民にこれらの法廷が課した刑を執行するものとする。

以上の通りであり、私は次の通り整理してみた。

一、小和田恒氏が解釈（翻訳）を間違えたのではない。条約締結時の政府の公式の翻訳がジャッジメンツ→裁判となっている。小和田氏はそれを踏襲し、委員会で説明しただけであり、当然の行為である。もちろん、その翻訳は今でも生きている。

二、この昭和六十年時点でも外務省の公式翻訳はジャッジメンツ→裁判である。条約締結時（昭和二十六年九月）小和田氏は十九歳。なんの責任があるのだろうか。

三、日本国は実際に判決だけを受諾したのではなく、裁判全部を受け入れている（ついでだが今現在も慰安婦・強制連行・南京等々、左翼・マスコミにより裁判は続いている）。

四、この第１０３回国会外務委員会には多くの局長が出席している。もし他の人物が条約局長だったら解釈を、Ｗ名誉教授の気に入るような「判決」としたであろうか。小和田氏と同じく公式翻訳の「裁判」としたに違いない。

五、もし他の人物がこの時点で条約局長であったら、Ｗ名誉教授は今になって名指しで取り上げたのだろうか。

六、この時点で昭和二十六年からの解釈を変えた（間違えた）のであれば大騒ぎになっていたはずだが、翌日の新聞各紙には一行も出てこない。そもそもこの外務委員会自体が報じられていない。

七、外務大臣以下多くの局長がこの委員会の為に会議や打ち合せをしている。事前の会議や本番の外務委員会で、小和田氏は自分の政治的意見や歴史解釈、主義主張を披瀝したのであろうか。そういうことが可能なのだろうか。

八、そもそも日本はポツダム宣言を受け入れて降伏した。その時から今日まで日本はハンディキャップ国家である。終戦時小和田氏は十二歳、責任があるのだろうか。

結論、小和田恒氏のいったいどこが悪いのだろうか。

要するにW名誉教授もN教授も、重箱の隅をつついても何も出てこないので、八つ当たりしているだけである。小和田氏が憎いだけなのである。では、なぜ憎いのか。東宮妃が気にくわないからである。

では、なぜ東宮妃が気にくわないのか。男系男子を産んでくれないからである。教授二人とも我が皇朝の行く末が心配で心配でならない。だから男子を産まない（産めない）妃殿下が気にくわないのである。そして、強いて言えば東宮も気にくわないのである。いや、今の皇室全体が気にくわないのである。自分の理想とする皇室像と全く違う皇室になってしまっているから不満なのである。皇室皇族批判ができないから、東宮妃の岳父を批判して溜飲を下げているのである。

ニーチェ曰く「すべての王党派の変わらぬ最大の悩みは、王様や王族が、自分たちの理想像とかけ離れていることだ」。

第四節　左翼には右翼と認識されていた小和田氏

さて、小和田氏はそんなにリベラルなのだろうか。氏は、日本は中韓両国に永久に謝罪しつづけなければならない国だと考えているのだろうか。たしかに、両教授や我々業界人の意に沿う人物ではないかも知れない。なにしろ業界人が大嫌いな外務省の次官まで上り詰めた人だから。しかし、外務省の中の最悪の連中は、チャイナスクールである。氏はチャイナスクールではない。チャイナにもコリアにも、一度も赴任したことはない。

人物を知るのに著書を読むに如くはない。もちろん直接会って話すのが一番だが、私のような平民にその機会はない。そこで、昭和五十四年から平成六年の十五年間の論文や講演録十六編を注意深く読んでみた。実につまらん作業であった。面白くも何ともない。血の一滴も沸かなければ、肉の一片も踊らない。しかし、考えてみれば当たり前で、外務省のどまん中を歩いてきて、事務次官まで上り詰めた人物である。まさにミスター外務省でありミスター官僚であり、政治家でも軍人でもないのだから、面白いわけがない。

「小和田氏は『ハンディキャップ国家』だと言い立てている」というN教授の談があるので、目を皿のようにして探したが一行もなかった。どうやら一回だけの発言を「言い立てている」と言い立てているのだろう。

我々を喜ばせる文言も一行もなかった。そして、東京裁判臭もまた一行もなかったのである。私は鼻がきく。東京裁判臭には敏感である。しかし、この書を嗅ぎ回ったが臭わないのだ。こういうと、「村田は小和田を擁護している、とんでもない！」と叱られるだろう。しかし、その前に小和田恒著『参画から創造へ―日本外交の目指すもの』（都市出版）を読んでからにしていただきたい。

そのつまらない本の中でも特筆すべきことがある。平成五年四月、外務省に入省してきた新人キャリア職員への訓示である。その冒頭から、氏はこの半月前にカンボジアで殉職した故中田厚仁氏（享年二十五）のことに触れ、絶賛している。人間にはヒーローとアンチヒーローがいるという。小和田氏のヒーローはこの故中田厚仁氏である。間違いない、この書を読めば瞭らかである。私事だが、私のヒーローは、昭和四十五年十一月二十五日、市ヶ谷台で三島由紀夫氏とともに日本国憲法に身体をぶつけて自決した、森田必勝さん（享年二十五）である。ついでだがアンチヒーローは河野洋平である。

小和田氏はアンチヒーローについても書いている。氏のアンチヒーローはコーデル・ハルである。「日米開戦に至る過程において、仮にアメリカで当時国務長官をしていたのがコーデル・ハルでなく、別の人だったらどうであっただろうか、ということを考えてみたことがあるでしょうか」と職員に問うている（昭和五十一年条約課長時代、外務省研修所にての講演）。

開戦直前の日米交渉のハル・ノートに対しては、戦争回避派の東郷外相でさえも「長年における日本の犠牲を全然無視し、極東における大国の地位を捨てよ、と。これは国家的な自殺に等しい。もはや立ち上がる外ない」と言わしめている。周知の事実であり、ここでは贅言を要しない。終戦時十二歳の小和田少年は数年後に東大に進み、ハル・ノートを知ったのである。「日本は挑発され、窮鼠猫を噛んだのか」と思ったのではないだろうか。余談だが、コーデル・ハルは後に国際連合をつくった貢献により、ノーベル平和賞を受賞している。

同書で氏は「世界はパックスアメリカーナの時代から主要国の協調による平和秩序維持。圧倒的な国力をもつ一国が世界の秩序を維持するのではなく、いくつかの主要国の共同管理によって平和を形成・維持していこうという考え方、パックスコンソルティスに移行して行く」と予言しているが、その通りになりつつあるのだろう。

氏はハーグの国際司法裁判所の判事になってから、一時帰国して講演したことがある。平成二十五年京都大学に於いてのことである。ごく一部を抜粋する。

「私が東大を出たとき、助手で残るよう、教授に誘われたがお断りした。国際的に役に立ちたいと思ったからだ。その後、四十年外務省にいたが常に日の丸を背負って仕事をしてきた。『あの日本がいうなら仕方ないや』と外交交渉がうまくいく場面も多かったが、自分の努力や能力で交渉が成功した、とは一度も考えたことはない」。

「ハーグ（国際司法裁判所）に来て、日の丸を背負わずに仕事をすることが、いかに大変か、公然と同僚から批判が飛んでくることもあるし、そのなかに伍してやってゆくことは並大抵の覚悟ではできない」。

「他流試合を厭わず、どんどん世界に羽ばたいてほしい」。

「国際司法裁判所の仕事は、日本を代表して、日本の権益に沿うような判決にするものではまったくないこと。そこを竹島問題でも韓国は知るべきでしょう。堂々と韓国人裁判官を審理に加え、対等に審理できるシステムになっているのです」。

これは竹島問題で、国際司法裁判所に出てこない韓国を、暗に批判したものである。どうやら小和田氏はW名誉教授やN教授の言うような、東京裁判史観の徒ではないようだ。そんなものを遙かに超えた存在かも知れない。

最後にもう一つ。小和田恒氏の細君優美子さんの実家は江頭家であり、海軍将官を輩出している家系である。優美子さんの従兄に文藝評論家の江藤淳（本名江頭敦夫）がいる。江藤は終戦後のGHQによる言論弾圧を告発するなど、我が業界では好意的に迎えられており、私も好きな評論家であった。だから我が国の左翼からは右翼と見做されていた。二人は同い年であり、仲が良かったに違いない。この江藤淳と小和田恒氏二人が三十代後半から四十代前半、なんと安岡正篤の而学会で机を並べて学んでいたという。言うまでもなく安岡正篤は戦前戦後を通じて日本の右翼の理論的指導者である。皇太子と小和田雅子さんの婚約が発表された直後の極左暴力団体の機関紙「青年の旗」に以下のような記述がある。

九一年後半イギリスは、彼を国連事務総長に推そうとした。もし出ていれば、現ガリ国連事務総長（エジプト）の有力な対抗馬となっていた。

彼はまた、右翼・安岡正篤の弟子として知られている。安岡が主宰する「而学会」に、義理のいとこ・江藤淳らとともに参加していた。安岡は、池田勇人・大平正芳が率いた「宏池会」のなづけ親である。小和田恒にしても、マスコミは紳士ぶりや娘を皇室にやる父としての姿を描くだけで、ＰＫＯ法、右翼とのかかわりは一切報道していない。（「青年の旗」平成五年三月号）

要するに御婚約の時点で左翼は小和田氏を右翼と見做していたのである。小和田氏を憎むＷ名誉教授やＮ教授の信奉者は、耳を塞ぎたくなるだろう。しかし、この機関紙は国会図書館に現存している。

左翼に、どれほど慰安婦や強制連行や南京事件は科学的事実ではないと証拠を突きつけても、彼らは見たくないものは見ない、信じたくないものは信じない。説得は時間とエネルギーの無駄である。我が保守業界の「小和田嫌い」についても同じであろう。「不都合な真実」は見たくないし認めないのである。

第六章　天皇と沖縄の絆

第一節　沖縄への思い

思はざる病となりぬ沖縄をたづねて果さむつとめありしを

右は昭和天皇の昭和六十二年の御製である。この年九月、ご発病により御入院、手術を受けられた。このため、沖縄国体ご隣席をかねたご念願の沖縄行幸はお取りやめとなった。沖縄への昭和天皇の無量のご心情が拝される御製である。

昭和二十一年からはじまった、昭和天皇の全国御巡幸は戦争の惨禍に苦しむ国民を激励し、全都道府県に及び、実に大きな成果を挙げたが、唯一沖縄県だけは行幸できなかった。

しかし、昭和天皇は皇太子時代に沖縄に行啓されているのである。大正十年三月、欧州五カ国ご巡啓の途次、供奉艦鹿嶋を従え、お召艦香取で沖縄本島中城湾与那原に投錨、首里と那覇に行啓されたのである。ときに三月六日。むろん沖縄では天地開闢以来の大歓迎であった。午後六時に艦隊は、欧州に向け長い汽笛を残して抜錨した。翌七日午前五時、宮古島の東方沖合約三キロ航行中、両艦の甲板上に、ときを同じくして飛び魚が三匹づつ、銀鱗をきらめかせて躍り込んできたのである。まさに東方から旭日が昇らんとする瞬間であり、この瑞兆に皇太子殿下以下艦隊乗組員全員大喜びとなり、随行の侍従長入江為守は、

幸多きしるしにとてやこの朝明魚飛びのぼる香取鹿嶋に

と東京に打電、閣議で披露された。閣僚からは続々と香取に祝賀の電報が届いたのである。この時、皇太子殿下満十九歳。気温二十四度、快晴微風、エメラルドグリーンの東支那海を快速で南下する甲板で、殿下はご機嫌すこぶる麗しくわたらせられると伝えられている。この飛魚の瑞兆の通り、御訪欧は大成功。殿下の気品溢れるお振る舞いに、欧州の王族・元首は皆感服し、日本という東洋の野蛮国は、一躍君子の国と認められたのである。

それから四十六年。昭和四十二年の歌御会始のお題は「魚」。この時の御製は、

わが船にとびあがりこし飛魚をさきはひとしき海を航きつつ

この御製を知った宮古島の人びとは、沖合とはいえ、我が島の近くを四十数年も前に航行されたことをお忘れでなかったお気持ちに感激したのであった。

ときは移って平成二十三年、御訪欧九十周年を迎え、垣花恵藏氏、儀武晋一氏ら島民有志相はかって出捐し、この御製の碑を宮古神社に建立したのである。同年八月七日盛大に除幕式が行われ、私も出席した。席上私は「四十二年前の航行中のことを御製に詠まれた昭和天皇の思いに感激し、九十年目に御製碑を建立した宮古島島民有志の赤誠に感激しました。『三

国志』に君臣水魚の交わりとありますが、まさにこれは君民飛魚の交わりであります」と祝辞を述べたのである。

第二節　昭和天皇の御製碑

現在、全国に二百十九カ所あると言われている昭和天皇の御製碑のうち、この宮古島の碑は最も新しく、最南端に位置している。碑から眼下の東支那海のエメラルドグリーンの海を臨むと、あの九十年前の飛魚の朝が想起されるのである。

昭和天皇は、沖縄の選手団がはじめて参加を許された、昭和二十八年愛媛県松山国体の開会式にご臨席され、左の御製を万感を込めて詠まれている。

沖縄の人もまじりていさましく広場をすすむすがたうれしき

また、昭和五十八年には皇居東御苑の桃華楽堂で、沖縄の小中学生が琉球舞踊を披露したのをご覧になり左の御製を詠まれている。

沖縄の昔の手ぶり子供らはしらべにあはせたくみにをどる

「沖縄県民斯く戦へり」という、大田實海軍中将の有名な電文で知られる通り、県民はまさに身命を擲って皇国のために戦ったのである。戦後昭和天皇が沖縄を行幸されていたならば、県民の喜びいかばかりかと思うだに、私は涙を禁じ得ない。しかし、昭和天皇の思いは、今上陛下が代わって実現されておられる。今上陛下は、御即位以来八回（平成二十三年現在）にわたり沖縄に行幸され、戦歿者を追悼され御遺族を慰められておられる。

平成五年には　沖縄平和祈念堂に行幸され左の御製を詠まれている。

激しかりし戦場の跡眺むれば平らけき海その果てに見ゆ

また、今上陛下は沖縄の伝統的な琉歌の名人であられ、同年沖縄で開催された第四十四回全国植樹祭に於いて左の御製琉球歌を詠まれている。

弥勒世よ願て揃りたる人たと戦場の跡に松よ植ゑたん

（この御製碑は那覇市の護国神社境内にある）

平成二十三年十一月、両陛下が沖縄に八回目の行幸啓をされた際には、歓迎の日の丸提灯行列に実に七千五百人の県民が参加、声を限りに「天皇陛下万歳！」「天皇陛下沖縄ご来県ありがとうございます」と叫んだ。その列の中にいた私は、この行列を天上で見下ろされている昭和天皇は、さぞかしお喜びであろうと落涙したものである。この行幸啓の際、県内いたるところで両陛下の御料車をお迎えして、日の丸の小旗を打ち振る県民の姿を見て、「沖縄こそ日本一の尊皇県」「沖縄県民は日本一の愛国者」と感じ、斯く戦った県民の子孫の、躍如たる面目に感銘を受けたものである。

今、東支那海の波高し。海を見下ろす宮古島の御製碑が、沖縄を、そして日本をお護り下さるものと私は信じている。

（注）現在確認されている御製碑は二百十九だが、九州に未確認のものがあるので最終的には二百三十くらいになるそうである（御製碑研究家　儀武晋一氏談）。

あとがき

昭和四十五年十一月二十五日、東京市ヶ谷台の陸上自衛隊東部方面総監室で、楯の会の三島由紀夫隊長と森田必勝学生長が割腹自決をした。当時、楯の会の最年少会員だった私も今や六十七歳。当時四十五歳だった三島先生は生きていれば九十三歳、二十五歳だった森田さんは七十三歳になる。

楯の会の関係者で「あの時ああすれば、三島森田御両名は死なずにすんだ」「あの時こうしていれば、あの事件は避けられた」と語る人もいる。私はそうは思わない。少なくとも三島先生についてはそうは思わない。よくぞあの時逝ってくれた。あの時逝って本当に良かった。最高にして最後のタイミングだった、と心から思う。ついでに言えば日本刀短刀各一本で、よくぞあそこまでやり通せたものだ。自衛官に演説をし、天皇陛下万歳を叫んで、そしてよくぞ古式ゆたかに見事に切腹できたものだ。ただただ感心し、神のご加護に感謝せずにはいられない。

三島先生はあの時に逝って本当に良かったのだ。

あの蹶起の四カ月前、サンケイ新聞に、三島先生は「果たし得てゐない約束——私の中の二十五年」と題して書いている。末尾の部分はこうだ。

私はこれからの日本に大して希望をつなぐことができない。このまま行つたら「日本」はなくなつてしまふのではないかといふ感を日ましに深くする。日本はなくなつて、その代はりに、無機的な、からつぽな、ニュートラルな、中間色の、富裕な、抜目がない、或る経済的大国が極東の一角に残るのであらう。それでもいいと思つてゐる人たちと、私は口をきく気にもなれなくなつてゐるのである。

この文章は「まさに予言通りになっている。」として人口に膾炙しており、この蹶起に興味ある人で知らない人はいない。しかし、私は予言通りだとは思わない。それどころではない。遙かに悪くなっているのである。

この文章はこう始まっている。

私の中の二十五年間を考へると、その空虚さに今さらびつくりする。私はほとんど「生きた」とはいへない。鼻をつまみながら通り過ぎたのだ。二十五年前に私が憎んだものは、多少形を換へはしたが、今もあひかはらずしぶとく生き永らえてゐる。生き永らえてゐるどころか、驚くべき繁殖力で日本中に完全に浸透してしまつた。それは戦後民主主義とそこから生ずる偽善といふ恐るべきバチルスである。

（村田注　バチルスは桿菌、結核菌等感染性の強い細菌）

三島先生が、顔を背けて鼻をつまみながら、通り過ぎた戦後の二十五年。それを遙かに上回る悪臭がその後の日本を覆っている。まして平成の御代はいかばかりか。

私はしばしば思う。三島先生は草葉の陰で、一体何回絶望し激怒し腹を切ったことだろうか。被災地で避難民に跪く天皇陛下を見て、私は「嗚呼。先生はあの世に逝っていて本当によかった」とつくづく思う。ご存命だったら発狂するだろう。そして、何度目かの切腹をしただろう。三島先生が、憲法九条の二項だ三項だという騒動を見て、そしてこのたびの譲位のビデオを見て、どういうお気持ちになるのか、想像もできない。私はあの世にいくのが恐ろしくなってきた、なんと報告したらよいのか。こうなったら、とことん長生きして、最後の最後まで、我が大日本低国の行く末を見届けようかと思う昨今である。

本書の執筆にあたり、展転社の藤本隆之氏、荒岩宏奨氏、やまと新聞の土屋敬之氏、今さら聞けない皇室研究会の赤嶺裕恵・横田晃枝・各務千佳代・花島亜紀・池岡智之の各氏に洵にお世話になりました。心からお礼申しあげます。

平成三十年一月二十一日　西部邁氏入水の夜。

村田春樹

村田春樹（むらた　はるき）

昭和 26 年東京生まれ。早稲田大学政治学科卒業。

三島由紀夫率いる楯の会会員でもあった（在籍当時最年少）。全国で密かに決議されている、自治基本条例阻止のため講演会活動を行う。

自治基本条例に反対する市民の会会長、外国人参政権に反対する市民の会東京代表。今さら聞けない皇室研究会顧問。

著書に『日本乗っ取りはまず地方から』『三島由紀夫が生きた時代　楯の会と森田必勝』『ちょっと待て！自治基本条例』（いずれも青林堂）がある。

今さら聞けない皇室のこと

平成三十年四月二十九日　第一刷発行

著　者　村田　春樹
発行人　藤本　隆之
発　行　展　転　社

〒101-0051 東京都千代田区神田神保町2-46-402
TEL　〇三（五三一四）九四七〇
FAX　〇三（五三一四）九四八〇
振替〇〇一四〇―六―七九九九二

印刷　中央精版印刷

ISBN978-4-88656-459-7

てんでんBOOKS

[表示価格は本体価格（税抜）です]

國體の形而上學　田中卓郎

●憲法九條の狙ひは我が國の獨立主權國家としての存立否定であり、第一章の天皇「規定」諸條は國體の否定破壞である。　１８００円

御歴代天皇の詔勅謹解　杉本延博

●大和で生まれ育つた著者が、みことのりの再興を世に提起し、御歴代天皇の詔勅を謹解する。　１５００円

国風のみやび　荒岩宏奨

●日本は天皇が知ろしめす国であり、神々と天皇が祭祀、文学、美術、音楽の淵源となつてゐるみやびな国風である。　１５００円

国体学への誘ひ　相澤宏明

●国体を再認識し王道実践、三綱実践することで、山積する戦後日本の諸問題の解決への道が開ける。　１５００円

宮中祭祀　中澤伸弘

●常に民安かれ国安かれと祈念せられる天皇の核心は不断に続けられてゐる「まつりごと」にある。　１２００円

平成の大みうたを仰ぐ　二　国民文化研究会

●皇室においては、古くから日本人が大切にしてきた美しい日本の心が、御代に脈々と伝へられ、継承されてゐます。　２０００円

平成の大みうたを仰ぐ　国民文化研究会

●御製・御歌を年毎に掲げ、御心を仰ぐ。日本の国がらの中心をなす天皇と国民の心が、御製を通してかよい合う。　１８００円

明治頌歌　新保祐司

●言葉で奏でる「明治の精神」。美しい音となって、日本人の魂に響き渡れ！偉大な明治時代を回想し、精神を描き出す。　１３００円